十年志

铁军纪念园开园十周年

北京新四军研究会铁军纪念园工作委员会　编

新华出版社

图书在版编目（CIP）数据

十年志：铁军纪念园开园十周年 / 北京新四军研究会铁军纪念园工作委员会编.
-- 北京：新华出版社,2021.5
ISBN 978-7-5166-5851-2

Ⅰ.①十… Ⅱ.①北… Ⅲ.①新四军－纪念馆－北京－画册 Ⅳ.①K878.2-64

中国版本图书馆CIP数据核字(2021)第095795号

十年志：铁军纪念园开园十周年

编　　者： 北京新四军研究会铁军纪念园工作委员会

责任编辑： 马大乔　　**封面设计：** 刘宝龙

出版发行： 新华出版社
地　　址： 北京石景山区京原路8号　　**邮　　编：** 100040
网　　址： http://www.xinhuanet.com/publish
经　　销： 新华书店、新华出版社天猫旗舰店、京东旗舰店及各大网店
购书热线： 010－63077122　　**中国新闻书店购书热线：** 010－63072012

照　　排： 六合方圆
印　　刷： 三河市君旺印务有限公司

成品尺寸： 210mm×285mm
印　　张： 12　　**字　　数：** 259千字
版　　次： 2021年6月第一版　　**印　　次：** 2021年6月第一次印刷

书　　号： ISBN 978-7-5166-5851-2
定　　价： 100.00元

创作团队

编委

戈继军　李晓帆　温　瑾　许朝奉　严　東　邵宁东　周煦明　郭　鹏　牛德军　张　翔
浦奕安

图片摄影

张　翔　张文勤　邵平东　许朝奉　夏　菁　章兰云　黎济明　冯海龙　陈永昌　罗明春
牛德军　戈继军　郭海鹏　郭　鹏　张　伊　邹维荣　陈小琴　任海京
北京市九公山长城纪念林有限公司

资料收集

陈南鸥

鸣谢

北京新四军研究会一师苏中分会
天津联航港口建设工程有限公司贾台连总经理
浙江古越龙山绍兴酒股份有限公司
泰康健康产业投资控股有限公司
北京同泰投资管理有限公司

序言一

2010年，在北京怀柔长城脚下一个风光秀美的幽静峡谷里，北京新四军研究会开发建设了在京新四军老战士身后安息之地的墓园，定名为铁军纪念园。中央军委原副主席迟浩田同志题写了园名，并题词“铁军精神永放光芒”。10年间，有不少老战士长眠于墓园。我们还相继建成了一批以弘扬新四军革命传统为主题的纪念设施。这里已经成为远近知名的北京市爱国主义教育基地。

新四军作为中国共产党领导下的抗日武装力量，号称“铁军”，这是有充分的历史依据的。1926年，叶挺率领北伐第四军独立团一路征战，在汀泗桥、贺胜桥痛歼北洋军，为第四军赢得“铁军”的美誉。1927年，中国共产党开始独立领导革命战争，在井冈山创建红四军，其寓意就是红色铁军。1937年，坚持南方三年游击战争的红军部队集中整编为抗战部队。叶挺作为北伐铁军的英雄将领和曾经的红色铁军总司令，提议把这支部队命名为新四军，并担任首任军长。第二任军长陈毅参与执笔的《新四军军歌》，用简练的歌词，道出了铁的新四军的由来：

光荣北伐武昌城下，血染着我们的姓名。

孤军奋斗罗霄山上，继承了先烈的殊勋。

新四军在历史上存在了10年时间。她始终坚守在华中敌后的抗日战场上，从相对弱小的红色偏师，成长为砥柱中流的抗战主力。解放战争中改编为中国人民解放军，为中国人民解放和新中国诞生创建了伟大的功勋。她的历史无愧于铁军的光荣，并在新中国成立之后继续创造铁军的荣光。现在，有着新四军铁军传统的老部队，已经在全国各个地方驻防。成千上万的老战士来到首都北京，为建设祖国作出自己的贡献。

铁军将士的英勇，在遥远的战争年代和现在的和平岁月中经受了严峻的考验，得到人民的认可与赞许。北京市接纳了这些来自南方的英雄将士，在长城脚下兴建铁军纪念园，就是一个极其生动的证明。一年四季，春花秋叶，夏雨冬雪，各种美好的景色相伴战士的忠魂，装点祖国这一方神圣的热土。我们感谢北京市以及怀柔区的同志们，感谢北京市九公山长城纪念林有限公司，为铁军纪念园的创建与运行提供了帮助。北京市的老市长、百岁老人焦若愚同志曾多次来铁军纪念园参与祭奠铁军将士的活动，并为铁军纪念馆题写馆名，给铁军纪念园十年志一书留下珍贵的材料。

每年在祭奠纪念先烈的日子里，我们都会在铁军纪念园举行活动，追思英雄前辈的历史功绩，同时展示我们祖国以及首都北京未来发展的远大前程。当我们这些铁军后代来此凭吊时，为万里长城所展示的中华民族千秋万代的光荣传统所感动，更欣慰于我们的前辈在这传统中注入了 20 世纪民族独立、人民解放的伟大“铁军精神”。我们一定要把“铁军精神”传承下去，并向着未来永远前进。

有一首悠扬的战歌，在我们这些铁军后代的心田里回荡：

从大江南北走来的英雄将士，
汇成必胜的铁流踏遍红色天涯。
来到首都九门内外坚守驻扎，
竭尽忠诚建设着这个伟大的国家。

七十年间，这片热土成为至爱的故乡，
生死相依不弃不离，诉说不尽儿女情长。
在长城脚下漫步回想艰难的过程，
把铁军征战的历史写进春秋闪耀的华章。

古人唱过：汉家烟尘在东北，汉将辞家破残贼。
今人写下：四海五洲向大同，万年血战唤春风。
向英雄的前辈献上深情缅怀和崇高敬意，
为振兴的伟业创造崭新历史和更大光荣！

陳昊蘇

2020 年 6 月 19 日

序言二

承载着北京新四军研究会新四军老战士及其后代的心血和期望，并由中央军委原副主席迟浩田同志题写园名的“北京铁军纪念园”，至今已经走过了10年的历程。

10年来，这里安葬了数百名新四军老战士；作为纪念园重要组成部分的铁军纪念馆里，展陈和文字再现了新四军在中国共产党领导下的征战历史，反映了研究会对新四军历史学习研究的成果；铁军纪念坛内，安放着新四军36处抗日征战地的红色热土；新四军将士名录墙上，镌刻了3000多名新四军老战士的姓名，他们是30多万新四军将士的代表。我的祖父新四军副军长张云逸，祖母韩碧，父亲张远之的名字，永远和他们战友的名字在一起。新四军将士的英名与日月同辉，与山河同在！

10年来，北京新四军研究会和共建单位每年都在铁军纪念园举办公祭等纪念活动。许多党员群众络绎不绝地来此瞻仰革命先烈和参观学习。

铁军纪念园已经并将继续成为宣传革命历史、缅怀革命先烈、发扬光荣传统、传承红色基因的重要阵地。我们要与共建单位共同努力，加强园区建设，提升园区功能，充分发挥爱国主义教育基地的红色宣传教育作用。在以习近平同志为核心的党中央领导下，不忘初心，牢记使命，把红色资源利用好，把红色基因传承好，让“铁军精神”永放光芒、代代相传，为实现中华民族伟大复兴的中国梦而努力奋斗！

北京新四军研究会会长 张晓宏

目 录

CONTENTS

众志达道

（建设篇）

永志不忘
（纪念篇）

矢志不渝

（传承篇）

UNITY IS STRENGTH

众志达道

（建设篇）

丰碑

——园貌概况

北京铁军纪念园简介

铁军纪念园地处北京市怀柔区渤海镇九公山长城纪念林（陵园）内，东眺慕田峪，西望居庸关，北段和西段为明长城环绕，距市区约 65 公里，占地约 100 余亩。

2009 年，北京新四军研究会与北京市九公山长城纪念林有限公司合作建设铁军纪念园，旨在缅怀、纪念革命前辈和学习、宣传、弘扬“铁军精神”。2010 年 7 月 18 日，铁军纪念园建成开园；2012 年 9 月，被批准为北京市爱国主义教育基地。

纪念园红色的天然巨石上，雕刻着中央军委原副主席、北京新四军研究会名誉会长迟浩田上将的题字和陈昊苏会长的园记；新四军战

士青铜雕像，跃马挥刀，英姿飒爽。

铁军纪念坛浑厚庄重，八一勋章、独立自由勋章、解放勋章和迟浩田上将题写的“铁军精神 永放光芒”八个大字熠熠生辉，坛内珍藏着从 11 个省（市）、36 处新四军抗日征战地采集的红色热土。

依山而建的铁军纪念馆，造型独特，威武雄壮。

叶挺、项英、陈毅、刘少奇浮雕像，形象凝重，栩栩如生；陵园内建有标准墓区和自选墓区；西端花园的汉白玉石墙上，镌刻着毛泽东主席《为人民服务》中的语录和叶挺同志的《囚歌》、陈毅同志的《梅岭三章》，粟裕同志的青铜浮雕纪念碑肃立园中。

新四军将士名录墙铭刻了 3300 余名在北京工作或其亲属为北京新四军研究会会员的新四军将士姓名。

铁军纪念园中一排排一列列整齐的墓地，数百名为了民族解放浴血奋战的新四军将士安息在这里，每一个人都在向后人讲述着过去的故事。

铁军纪念馆简介

铁军纪念馆为三层建筑，展厅面积约 400 平方米，是北京铁军纪念园的重要组成部分。北京市原市长、北京新四军研究会名誉会长焦若愚同志题写馆名。

铁军纪念馆的展陈，再现了新四军光辉的历史，反映了新四军研究会研究的成果，小而精、有特色，由四个方面的内容组成：一是由文字和 486 张图片组成的 66 块展板，二是 10 幅计 270 平方米的屋顶图和一幅 50 平方米的背景油画，三是由 938 幅照片、3000 多人物组成的“华中人民的长城”人像墙，四是 40 余件珍贵文物。

铁军纪念馆的展板，分为《新四军军歌》、前言和四个部分：第一部分，光辉历程，介绍了新四军艰难辉煌的征战历史；第二部分，雄师壮歌，介绍了新四军 18 场英勇壮烈的战役战斗；第三部分，群星璀璨，介绍了新四军 21 个光照千秋的杰出人物和英雄群体；第四部分，传承永续，介绍了铁军部队的沿革发展和北京新四军研究会对“铁军精神”的传承发扬。

铁军纪念馆前言

新四军，一个承载着光荣革命传统的名字，全称国民革命军陆军新编第四军。她是在日本帝国主义全面侵华、国共两党合作抗日之初，由南方八省十四个地区的红军游击队组编而成；是一支由中国共产党领导、与八路军并肩抗日的人民武装力量，一把插入日伪心腹之地的利剑、一支令日本侵略军闻风丧胆的英雄部队。

挺进华中敌后的新四军，远离中央，地处险境，屡遭劫难；依靠群众，四海同援，不断壮大；因地制宜，灵活机动，转战游击；面对强敌，英勇顽强，浴血奋战。在抗日战争时期，她牵制和消耗了数十万日伪军有生力量，创建了地跨苏、皖、鄂、豫、浙、赣、湘七省的华中抗日民主根据地。

毛泽东誉之为“华中人民的长城”，陈毅称她是“铁的新四军”。

她为中华民族的独立解放和世界反法西斯战争的胜利，建立了不朽的功勋，竖起了光荣的丰碑。

她为新中国的创立和建设、人民军队的发展壮大，造就了一大

批栋梁之材，作出了巨大的贡献。

她以万千将士英勇牺牲凝聚成不屈不挠的“铁军精神”，为后人提供了一份源于历史的伟大精神力量。

新四军的历史是声若金石、震古铄今的革命史诗，是豪气冲天、感人至深的英雄壮歌，是令人深省、传之久远的南针启示。

铁军纪念馆后语

当您结束参观后，一定会有许多感慨，也许还觉得意犹未尽。是的，新四军在那场中国人民百余年来第一次取得反侵略完胜的伟大战争中还有许多辉煌的业绩和传奇的故事值得大书、特写。由于本馆空间有限，浓缩的史料，只能再现新四军一个小小的缩影。

斗转星移，岁月荏苒。时光会淡去人们的记忆，但一个国家、一个民族，决不能淡去对先辈英雄伟业的记忆和崇高精神的传承。

让我们在党中央的领导下，继承革命先辈的遗志，发扬我党我军的光荣传统，大力弘扬以爱国主义为核心的“铁军精神”，全心全意为人民服务，为建设中国特色社会主义、实现中华民族的伟大复兴而奋斗！

纪念馆部分文物

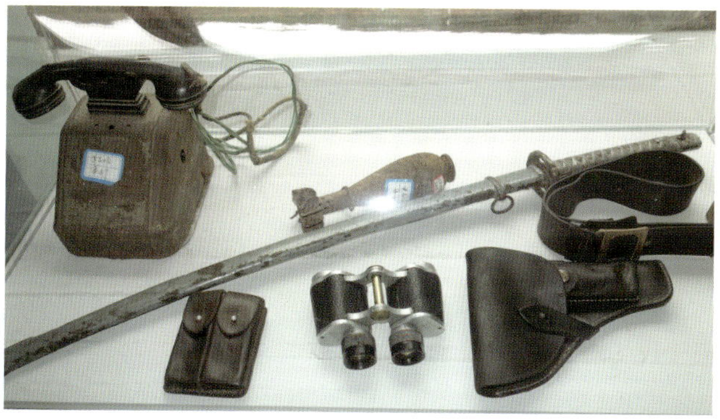

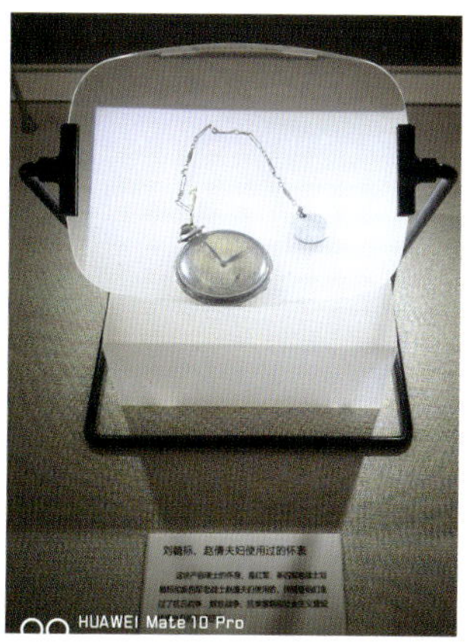

新四军将士名录墙

《新四军将士名录》后记

铮铮铁骨斗敌顽，耿耿丹心为人民。革命生涯建伟业，中华史册留英名。

北京新四军暨华中抗日根据地研究会汇集了数千名新四军老战士。在抗日烽火中，他们为了民族独立，舍家报国，征战华中；在战争硝烟中，他们为了人民解放，出生入死，转战南北；在和平年代中，他们为了国家建设，鞠躬尽瘁，奋斗不息。他们为民族振兴、人民幸福、国家富强奉献了毕生精力，创立了不朽功勋。

为了铭记民族英雄、国家干城、人民功臣，为了弘扬和传承永放光芒的“铁军精神”，北京新四军暨华中抗日根据地研究会在铁军纪念园建立《新四军将士名录》墙，由研究会各分会提名，经北京铁军纪念园暨爱国主义教育基地工作委员会汇总审定，镌刻了本研究会会员和研究会会员提供的三千余名新四军老战士的姓名。他们，是千千万万新四军将士的代表。

新四军将士的英名，永远与璀璨的群星同辉，永远与祖国的山河同在！

每个名字的背后都有段难忘的历史；
每段历史的背后都记录着国家的担当。
当创造国家时，也铸造了这些名字；
用坚强的性格，它能饱经困苦艰难；
用坚定的初心，它能与人民血肉相连；

像这里的每一个名字，
都是可以与你分享希望和坚强的战士。
在新四军，这些名字与国家是一体的，
因为一个离不开另一个。

北京九公山铁军纪念坛铭文

新四军是抗日战争时期中国共产党领导的主力部队之一，其奋斗历史可上溯到红军时期之末，下延至解放战争之初，发展征程遍及祖国东南半壁。

在中国人民抗日战争暨世界反法西斯战争胜利 70 周年之际，为铭记华中人民的长城——新四军为民族复兴、社会进步、人民幸福创建的巨大功勋，铭记新四军将士的奋斗牺牲，铭记人民对子弟兵的养育恩情，我会从新四军抗日征战地采集红色热土，安放在北京长城脚下的铁军纪念坛。

丹心青史两辉煌，抗战春秋日月长。叶项刘陈宏略展，江淮河汉胜旗扬。

铁军勋业传中外，烈士威名动四方。敌后华中根据地，长城万里著荣光。

北京新四军暨华中抗日根据地研究会会长陳昊蘇

公元二〇一五年九月三日

鐵軍精神
永放光芒

采集新四军抗日征战地红色热土纪实

2015 年，我会所属 9 个分会到 36 个新四军抗日征战地寻访，在当地党委政府和人民群众热忱支持下，深情采集红色热土，于 9 月安放在铁军纪念坛，缅怀抗日先烈，传承“铁军精神”。

36 个新四军抗日征战地是：湖北武汉汉口、江西南昌、安徽歙县岩寺、安徽泾县云岭、江苏盐城、江苏盱眙黄花塘、山东临沂、广东南雄梅岭、河南确山竹沟、福建宁德屏南、湖南平江嘉义、福建龙岩白土、福建莆田、江苏句容茅山、安徽巢湖蒋家河口、江苏镇江韦岗、河南西华杜岗、上海浦东南汇、安徽黄山新明乡、江苏常熟沙家浜、湖北随州九口堰、江苏六合金牛山、江苏淮安大胡庄、安徽芜湖白茆洲、安徽无为三水涧、湖北武汉侏儒山、江苏溧阳塘马、湖北大悟白果树湾、江苏泗洪朱家岗、江苏淮阴刘老庄、浙江余姚四明山、江苏六合桂子山、江苏淮安车桥、江苏涟水高沟、浙江义乌塘西桥、江苏高邮。

特记此事，以志纪念。

北京新四军暨华中抗日根据地研究会

公元二〇一五年九月三日

北上抗日集结地采集热土

大胡庄八十二烈士战斗旧址采集热土

上海浦东秋萍学校内—抗击日寇的汇角战斗地采集热土

随州战斗地采集热土

南京市六合区民政局将采集的热土交给
北京新四军研究会二师分会

安徽确山竹沟抗日战场采集热土

福建省政府原副省长潘心城（右一）等满怀深情采集热土

安徽无为县七师诞生地采集热土

岩寺新四军军部旧址采集热土

江苏高邮日军投降处采集热土

陵区

这里安葬着800余名为中华民族解放、为新中国建立浴血奋战、奋斗终生的将士以及华中抗日根据地的老同志，他们每一位知名或无名的指挥员和战士来自人民军队不同年代，都有着光辉的革命奋斗史，给我们讲述着一个个动人的故事。

这里没有出生贵贱之分，没有职务高低之别，官兵一致整齐排列，集合在长城脚下的青山绿柏之间。

“我们的共产党和共产党所领导的八路军、新四军，是革命的队伍。我们这个队伍完全是为着解放人民的，是彻底地为人民的利益工作的。”

陵区航拍图

抗战老兵墓

鐵軍魂

夫妻红军
胡志学 任质斌
(1921.10.23 — 2014.10.6)
(1915.7.17 — 1998.12.22)
HUAWEI Mate 10 Pro
NEW LEICA DUAL CAMERA

新四军战士跃马挥舞军刀的雕像

栗裕大将半身铜像

项英、叶挺、陈毅、刘少奇四位新四军军首长浮雕像

九公山长城纪念林 3 号沟——铁军纪念园原貌

园区内蜿蜒曲折的盘山土路

2009 年 3 月 24 日铁军纪念园园区开始施工

肩挑是初期开创时的常态，责任来自宽厚的肩膀

植根
——回眸初创历程

具有深远意义的教育基地

栗戎生

铁军纪念园建园 10 周年了，这是一个我去的不多却在心中永远挂记的地方。群山环抱，松柏苍翠，春有杏白桃红，秋来层林尽染，环境优美，风水绝佳。那里长眠着父辈的战友和亲人，那里有他们毕生珍贵的回忆和牵挂。

右起：陈小鲁、粟戎生、粟惠宁、李曼俊

在北京市各级政府和军队老首长的大力支持下，在北京新四军研究会和当地政府的共同努力下，铁军纪念园建成了内涵丰富、庄严肃穆、具有革命传统的爱国主义教育基地。每逢重要的纪念日，北京新四军研究会都要组织纪念活动。我们便来到这里缅怀先辈，重温历史，和先辈们进行心灵的对话。

我的父亲粟裕是新四军的老战士，因为战争年代艰苦环境和战伤的摧残，晚年身体差，1984 年就离开了我们。按照他的遗愿，他的骨灰撒放在战争年代他频繁转战的 8 个省市的战地或者陵园，和长眠在那里的战友们在一起。我和家人常去那里吊唁。北京新四军研究会在九公山建铁军纪念园，为粟裕制作了一尊浮雕头像，矗立园中。这样，我们也可以到铁军纪念园来进行祭奠，表达我们的思念了。

在纪念园看着父亲的铜像，我的思绪万千。我对父亲说：“老爸，我来看你啦！向你汇报一下家人的情况和自己的工作。我知道你最关心的是祖国的统一，这是您一个老兵未了的心愿。我始终没忘您的这个心愿，尽力在自己的工作中，关心形势发展，做好本职工作，为加强军队建设、提高打赢能力，为祖国的统一事业作贡献。”

作为爱国主义教育基地，纪念园建立了介绍新四军历史的铁军纪念馆，成为诸多墓园里的一个亮点。在祭扫活动的同时，后代们学习了解先辈们的历程，学习他们的革命情怀，对于传承“铁军精神”、教育青年一代是具有深远意义的。

纪念园建成 10 周年之际，我们感谢为她的设计、建设、管理付出心血的各方人士，我们希望纪念园办得更好。

心路

戈继军

为庆祝铁军纪念园开园10周年，我的心中时时萌发要出一本书册的念想，想记录下自己曾经经历过的那些难忘岁月，似乎有许多的话要倾诉，令我在对自己文笔欠佳而备感遗憾的同时，却按捺不住内心的冲动，时时涌起的回忆和那些默默奉献的战友彼时的激情，将那一段段曾有幸参与这个历史过程的人和心情浓缩成一个个片段、一个个场景，把我带回到那一段并不久远，然而却是苦乐共享的时光。

回想2008年时，黄河以北地区对新四军及北京新四军研究会认知甚少，作为新四军的后代应该如何铭记父辈的光荣业绩，传承“铁军精神”，为老一辈真正做点实事，为他们建一处集体的栖息之地，这就是我们创建铁军纪念园的初衷。

回望我16岁参军，9年起落激情燃烧的军旅生涯，国家机关工作的平淡9年，进入环保事业的辉煌岁月，再到下海创办自己的企业。这些丰富的经历锻炼了我独当多面的能力。

纪念园选址谈判，合作洽商，签订合同，策划、拟定中长期规划及近期实施，建立行之有效的管理制度；纪念园的股权曾发生过一次变更，为了平稳过渡，曾数度与不同性质的公司进行认真的磋商协调；建立一支打不倒、压不垮、团结奋斗的团队；与铁军纪念园工委会的战友们从铁军纪念园的调研、筹备、建设、开园，到创建成为北京市爱国主义教育基地；精心组织每年的公祭活动和独具特色主题的纪念活动……这些年的忙忙碌碌，我都记忆犹新。

风风雨雨、艰难跋涉走过了12年，实现了这没有报酬，只有奉献，有时还要用自己的收入和积蓄支撑的事业。虽说曾遭遇家人的质疑与不解，但我仍执着地坚持要完成自己认定的目标。有时我甚至觉得，我前几十年的积淀仿佛就在为此番事业做准备。我想，这就是我有生之年最后为之努力奋斗的夙愿，并以此告慰那些已经离我们而去的新四军叔叔阿姨、我的老爸老妈以及我亲爱的学长、战友郭北燕……

事情缘起：

思绪回到了2007年炎热夏季里的一天。“叮咚”，管哥（管新凯，北京新四军研究会原副会长兼一师分会会长，抗战英雄管文蔚之长子，我们称他为管哥）按响了我家的门铃。此时此刻，并未想到就是这一响从这一天开启了我12年有余的心路历程。

管哥进门后对我说：“我想在北京建一个新四军陵园，你有没有办法？新四军老战士们远离家乡从南方来到北京，在各个部门工作，一干几十年。他们在北京安了家，绝大多数身后不可能再回到家乡，将永远留在北京。他们中许多人生活待遇及子女各种条件都比较一般。现在北京购买墓地很贵，老战士及后人们有些困难。我想帮助老战士解决身后的安息之地。”

听管哥说着，我的脑子便在飞速地转动，联想到八宝山革命公墓虽然条件很好，但还会因夫妇两人职级差异而不能同室同穴……如果能够实现管哥的设想，着实是为这些为了新中国浴血奋战一生的父辈们解决了大问题。我毅然接下了这件事。

管哥走后，老公牛德军嗔怪地对我说："这事可不容易哟！墓地归国家民政部门批准，你们想特批难度很大。你们又一无经费，二无土地，很难办成。你没认真思考怎就这么快应下了？"

我说："我就喜欢做有挑战性的事，越是困难越向前。怕什么？没有做怎么知道办不成呢？我好像还没有想干而干不成的事。万一不成，我努力了，经历了，也不会一无所获啊？"

那年月拥有智能手机的人不多，没有飞信，也没有微信。我抓起电话给战友、老同事、老朋友、老领导和过去的合作伙伴一一通话询问，并请他们联系有关人员。电话一打就半小时，有时常常打一天。但得到的答复都是没可能，被告之"殡葬归民政部门批准，要经过十几个部门盖章批复，不向行业及社会团体开放"等各种规定，前景渺茫。

记得在一次一师分会办公会上，管哥提出了筹建纪念园的想法。散会后，一位姐妹劝我说："你们办不成的。我们几家银行花了5年时间都没有办成，更何况研究会根本就没有资金。"综合各方反馈情况，此事陷入了僵局。

历史总是这样惊人的相似，在看似无望的时候，又给你重生的机会。

有时人总能在各种艰难逆境和狭小空间中激燃发力，开创一片新的天地。

我忽然想到了父亲老战友邵再生叔叔的大儿子邵宁东，他20世纪80年代下海创业，做得挺大，各方面关系多、人脉广，便打电话给他。电话里邵宁东说："你找对人了，我弟弟邵和东从民政部门机关出来后，在怀柔批了一块公墓没多久。几年来投资大，收益小，挺艰难的。他了解政策法规，又有实际操作经验，我帮你约他。"2008年初，我们在西苑饭店大厅见了面。邵和东详细介绍了国家法律法规后说："你们想批准建公墓是不可能的，但是我们社会福利基金会与怀柔区民政局利用扶贫的一大片山场，在怀柔区渤海镇建了九公山长城纪念林（陵园），有着好几条沟可以合作利用。"

我详细询问了九公山陵园的详细情况，提出要个独立的山沟，建造新四军的公墓，解决父辈们身后安息之地。邵和东当时虽然还没有参加研究会，但父辈传下的红色基因和对新四军的感情是深埋于心的，他爽快地答应了。那天尽管北京刮着凛冽的寒风，但我却感到一股暖流传遍全身，这种感觉已经渐行渐远了许多年。会面后，与邵宁东、邵和东、邵平东兄弟三人握手道别，并同宁东说，希望他参加筹建工作并加入研究会。

我回来后立即向管哥详细汇报，管哥也认为可行，并且交代由我负责具体实施。管哥明确，此事一定要办，他负责向陈昊苏、

2009年3月4日北京新四军研究会各分会代表考察九公山陵园并召开论证会

邓淮生汇报以得到总会的支持，我们一师分会先行运作起来。

说干就干：

有了陈昊苏、邓淮生等总会领导的支持，可谓“振臂一呼，应者云集”。我们立即起草发起通知、调查表，做可行性分析和研究报告，讨论合作细节条款，起草和签订合作协议书。对书文的每一字，管哥都认真审阅。为此，管哥专门从顺义小区搬到我们燕郊小区居住。管哥、牛德军和我，不分时间地及时讨论研究。一旦成型，管哥马上拍板，及时提交分会办公会讨论通过。

管哥20世纪90年代就投身到研究会工作，精明能干，善于思考，常提出新的想法，总能点到问题的关键！思想的敏锐度，堪称我们当中的“翘楚”。后来，家住燕郊的许朝奉也经常参加我们的讨论。“燕郊小院”成了一个集思广益的平台。在讨论中，时时互相启发，使“脑洞大开”。凭借大家的才能与智慧，很多有价值的思路不断涌现。如：如何申报爱国主义教育基地？如何使园区雄伟壮观有独特标志？如何实时调整和解决不断出现的问题以及路径？我们憧憬着未来，完善着预案。有时，邵宁东、邵和东、孙维国、郭鹏也从市里赶来加入讨论。当时，很多具有独创意义的提案，得到了总会任全胜副会长和七师分会王小戬、军部分会蔡平、二师分会汪江淮等领导的大力支持。

2010年10月30日，由总会提名正式组建纪念园工作委员会（简称工委会）：邓淮生常务副会长和管哥任主任，我任副主任兼秘书长。之后因工作需要，增加九公山公司总经理邵和东、研究会办公室主任杨抗美任工委会副主任，各分会选派一到两人参加工委会。由秘书长拟定组织架构和职责，负责日常工作。从此，这副重担就压在了我身上，开始了漫漫十年历程。

合作方有了，土地有了，合法手续也具备了，本以为筹备组定下的实施计划在预定的时间节点可以顺利完成，但在接下来的具体工作中，我才真正体会到要办成这件事的艰难：这是一项复杂的系统工程，来自内部的、外部的、家里的，软的工作比硬的工作解决起来更复杂更难处理，经常不得不放慢前行的脚步。

2009 年 4 月，开始预售的第一天，一下子来了 60 多位老同志们纷纷定购。他们说："你们办了件大好事，我们身后可以在长城脚下同我们的老战友老领导相聚。"可是未曾想，一个月后，突然接到公司通知，说工商局接到九公山公司非法传销墓地的举报，执法人员拿走了已签约的所有合同，冻结了全部销售款，禁止销售，等待罚款处理。公司马上向怀柔区、北京市政府有关部门，以及李老（李汝森）、焦老（焦若愚）汇报，并向各级管理部门详细说明情况。同时，我们向邓淮生、管新凯两位领导汇报，迅即作出反应。工委会在九州大厦的七师分会和公司在市里的办公室奋战 3 个月，按要求重新签订合同，平息了这场风波。在得到工商局的认可批准后，我们新的工作流程得以顺利展开。

筹备阶段状况频出，现在回想起来，很多时候恰恰是因为采纳那些可贵的意见建议才使工作更加顺利，让人们更有动力去改变。有人说，不能交钱购墓，这些钱不定流到哪去了，有可能揣进个人的腰包里了；有人说，我活得好好的，为什么交照片在纪念馆上墙；有人说，名字上什么名录墙，咒我早死啊。工委会的同志随时汇报出现的问题，多次开会统一思想，制定措施；建立了甲乙双方领导共同控制的专款专项资金账户；细致地说明理由和重要性，并得到各分会领导支持，按时按计划完成了纪念馆照片墙几百张老照片及新四军将士名录墙 3330 位老战士姓名的收集工作。如今，纪念园内的《新四军将士名录》墙和纪念馆内的"华中人民的长城"人像墙，成为铁军纪念园乃至全国有关新四军场馆（陵园）的一大亮点。

由于新建公司的宣传资金短缺，铁军纪念园处处都要用钱，仅有预收的几百万费用根本不够。公司虽尽全力解决土建资金，但缺口依然很大。这时，公司和工委会的所有成员都竭尽全力地想办法解决难题：郭鹏请美国 EDSA 的规划设计师以私人名义为纪念园做设计直至施工图，节约建筑规划设计费用数十万元；许朝奉做通了中国传媒大学和北京市绿化办领导的工作，将原定在延庆的绿化指标经费转到纪念园，每年拨款 16.5 万元；团体会员贾台连、彭华慷慨解囊各捐万元，近百名后代会员纷纷捐赠树苗款；第一期宣传册则由三代会员郭鹏撰写、策划及设计，经讨论集大家智慧后定稿，由许朝奉请传媒大学师生进

2009 年版铁军纪念园宣传册排版

行后期设计排版、印刷制作；公司通过运作解决了新四军四位首长的浮雕资金，以及园区门口两块巨石；管哥联系团体会员胡曙明捐款 15 万，修建粟裕大将半身雕像；在陈永昌的帮助下，纪念馆的布展工程只花费了 20 万元；百岁的焦若愚老市长为纪念园争取到北京市政府专项拨款 1800 多万元，用于园区的进山公路的改造。一方有难，八方支援。正是由于大家的齐心合力，才打造成今天这片颇具特色的铁军文化圣地。

在最艰难的 2008 年到 2010 年期间，纷繁复杂的工作，占用了我绝大多数的时间和精力。尤其是在那段时间里，老爸病重，老妈心疼我，一直没让我负责照顾他们老两口，重担都压在了妹妹两口子身上。妹妹不理解，常冲我发火："没赚一分钱，每年还倒贴 15000 块，你这是何苦？老爸老妈你不管？"说得我眼泪在眼眶中打转。每当这时，我便赶紧闪身离去。只听到老妈细声细语对妹妹说："她是在当事业做，我们应该理解她，你们也要体谅她。"

2009年起，老爸多次报病危，我们兄妹轮班照料，但往往安排我们夫妻俩的时间最少，就是值班也经常是我老公担当。当时，我就是身在病房，心也总是记挂着纪念园，思考工作时常走神。2010年7月5日早上，刚回到家，妹妹打电话来说，老爸不行了。当我和老公匆匆赶到医院时，老爸已于 10 时 30 分永远离开了我们。我流着泪求医生让我再看看老爸，在太平间冰床上，我见到冰冷的老爸，眼泪断了线地往下流。我抚摸着老爸额头，对他说："对不起老爸，对不起！光顾着工作没有好好陪伴你，但我知道你的心是向着我们的，知道您一直支持着我。我一定会努力去完成每一份工作，永远记着你们的教诲，去完成未完成的事业。"擦干了眼泪，我又全身心地投入到 7 月 18 日铁军纪念园开园活动的准备工作中去。开园活动准备得充分，获得圆满成功。

2012 年、2013 年，亲爱的老妈、妹妹也相继离我远去，整整 3 年我都不能释怀。我就尽力在工作中调整情绪，更加努力地去做好每一件事。

在此，特别要提到工委会这个团队。正如张晓龙会长在工委会一次会议上说："你们应该好好总结，你们这个团队能干、能打仗，年年团结一致、圆满完成工作，是怎样的精神使你们能够始终如一？"是的，这个历时 10 年的团队，绝大多数的同志都坚持工作 10 年以上，需要相互协作，协调一致共同完成每一件事，每一项活动。我认为，这种力量来自对新四军这支英雄军队的热爱，来自于对"铁军精神"的传承与弘扬，是一种坚定的信念，浓浓的情结，齐心的团结，不懈的努力，无私的奉献……力量来自身边的榜样。管哥不顾年迈，时常同我们一起亲力亲为；汪江淮、刘华苏两位大哥，不分昼夜一遍一遍地精心撰写、修改铁军纪念馆展陈的文字，仔细挑选具有代表性的图片，为的是在只有 400 平方米的展馆中做到"小而精、有特色"，全面展陈新四军的辉煌战斗业绩，付出了艰辛的劳作。

工委会是研究会的一个下辖机构，研究会是一个社会团体。虽然它有严格的组织机构和章程，但没有经济利益，没有人事的上下级关系，都是来自各行各业退休人员；虽然他们都是新四军后代，但家庭和个人生活环境各有不同，有普通岗位的员工，也有在原单位是个领导；性格差异大，常常为一个问题、一件事情争得脸红脖子粗。但每个人都有新四军父辈的情结，都是为了弘扬和传承"铁军精神"加入到这个集体中来。特别是进入工委会工作，就是一名志愿者，要有精力的付出及经济的付出，没有这个准备就不要进这个团队。作为负责日常工作的我，开始很头疼，经常为点具体事吵得不可开交，甚至拍桌子走人，布置安排的具体工作有的不去做、不服从……我就想，首先，我对人要

2012 年 8 月 23 日铁军纪念馆编委会在纪念馆施工现场办公

有亲和力，遇事要多换位思考，才能团结大家，齐心协力长时间共事，真正成为兄弟姐妹。我时时提醒自己：你只是一个执行者、一个组织者，遇事要想如果我是他 / 她，我会怎么想、怎么做？这样力求了解每一位同志的脾气秉性，了解他们的经济情况；二是，每一件事每一个问题，在讨论决定前，先联系有关同志做小范围的沟通，听取意见，允许争论，不断调整思路，一旦形成决议就少数服从多数，坚决执行；三是，对产生矛盾的同志，分别做疏导工作。有时一句关心、一个问候、一个肯定就会获得良好的结果；四是，每次布置任务做到过细，分工明确，各司其职，齐心协力共同完成任务，善于发挥每个人的长处，尽量做到每个人都能在愉悦的心情中工作，去享受这份快乐。就这样，经过逐年的磨合，打造成了一支精诚团结、能打胜仗的工作团队。

在此，我要特别感谢邓淮生和管新凯大哥对我的信任、支持和帮助。李晓帆大姐，虽然年纪大我们一轮，却从不接受特殊关照，10 年如一日坚持做好交付给她的每一件事；许朝奉同我们一起经常一天跑两趟上山，往返曲阳、南方等，一年行车近 2 万公里解决和处理问题；孙维国、王诸杞、周煦明，负责每次活动的现场指挥调度；郭北燕为纪念园的宣传光盘编写解说词并配音；陈南鸥坚持主动收集整理资料，主动完成分工的工作；孙晓华有较强的沟通能力，独当一面解决与外联、共建单位出现的问题；马长征处理问题细致到位，积极为纪念馆防水工程解决施工资金；邵宁东、邵平东年年圆满组织新闻媒体的报道，特别是持续在北京电视台《北京您早》栏目播出我们活动的实况；张翔、束陵平、余燕秋、艾幼明默默地完成担当的工作。所有在工委会工作过的兄弟姐妹们，你们感动了我，感动了大家，感动了下一代。让我们不忘初心，牢记使命，永葆这片红色阵地不褪色。

在此，还要感谢刘华苏、任全胜领导的鼎力支持与帮助，以及曾经参与工委会工作的吴苏宁、干小淮、张文勤、杨延力、恽晓虎、柴晓飞、李湘滨、温沪生、徐训古、刘晓明、黎济明、殷卫平等以及许多不知姓名的兄弟姐妹们。

铁军纪念园安葬着我们的父辈以及许许多多为中华民族的解放事业付出一生的有名无名的英雄，他们将永远活在我们的心中，他们的革命精神将永远激励着我们奋勇前行！将吸引更多的年轻人加入到我们这支队伍中来，我们将一往无前地走下去，这就是我的“心路”。

张晓龙会长（右 1）正在检查活动准备情况

“心路”，是我们这些人的一段很有朝气、很有力量、很难忘怀的一次旅行。我们工委会十几个人，是一群为了一个共同的目标走到一起的兄弟姐妹。我们没有任何私利地去创造、去协调、去面对质疑、去直面挫折和可能的失败。我们笃信成功，遂坚持到胜利的这一天。

初心，使我们这些人走在一起，遵从内心的召唤，去做一件问心无愧的好事，去创造和实现属于自己的梦想，勇敢地面对问题和挑战。勇敢地去挑战不敢挑战的事情，不断地去尝试它、突破它，最终将梦想变成了美好的现实。

学会珍惜、懂得感恩、懂得发扬团队精神，是我们今后继续努力的方向。虽然这条路不好走，但是越不好走的路一定会越美，因为它周围的风景越会让你难以忘怀。我想，这就是我们大家共同的“心路”！

铁军纪念园筹备组及工作人员2010年合影。1排左起：陈南鸥、管新凯、李苏、陆艺、许朝奉、柴晓飞、干小淮；2排左起：刘晓明、艾幼明、束陵平、戈继军、孙晓华；3排左起：王诸杞、邵和东、徐新野、牛德军、殷卫平

千龙网总编邵平东正在摄影

左起：摄影组张文勤、黎济明、张翔

我与铁军纪念园

邵和东

一晃 10 年过去了，铁军纪念园也走过了 10 年的光辉历程。

我还记得，铁军纪念园开园之初，很多新四军老同志紧握我的手，老泪纵横地感谢九公山长城纪念林解决了他们的身后之事，为铁军矗立起永恒的丰碑。当时，八路军老同志也希望购墓。我请示后答复说：八路军是友军，可以。老同志听后不高兴，很严肃地纠正我说："抗日战争时期，友军是国民党军，八路军和新四军是兄弟部队！"态度鲜明的立场，令人肃然起敬。

改革开放的号角掀动起经商下海的浪潮，其中弄潮儿的主力，应该是被称为"老三届"的一代人。这一代人是共和国的第一代新生儿，随新中国而成长。无论是上山下乡，还是参军入伍，被称为饱受磨难的一代人。我作为其中的一分子，总认为这种描述不准确，尽管当时干的是体力劳动，经常两头不见太阳，还经常饿肚子，但并没有觉得有多苦，没有对苦难和幸福的比较，就不懂得幸福和苦难的含意。

铁军纪念园的策划者和建设者，就是我们这一代人。

作为新四军的后代，我衷心地感谢新四军研究会领导和兄弟姐妹们的信任和支持。管新凯的执着，邓淮生的决断，乔泰阳的机敏，刘华苏的接力，王小戬的坚守，戈继军的激情，邵宁东的谋划，束陵平的忠诚，还有许多在各个岗位坚守的二代参与者，是大家无私的奉献，才使得新四军研究会的"二号工程"（铁军纪念园建设）顺利完成。

有两个关键节点让我印象深刻。

其一，创建之初，一师分会和九公山长城纪念林于 2008 年 5 月达成共识，怀柔区民政局领导很快就批准了政策准入。这是非常不容易办到的事情。我曾在 1994 年参与过北京市军人公墓的筹办。当时，经总政治部主任杨白冰同意，各总部和军兵种签署同意并盖章，由总政群众工作部部长邓先群牵头，责成北京军区在八大处择地选址。报告送到民政部被否决，理由很简单，不允许建行业性公墓。1995 年航天部来人找我洽谈，探讨筹建航天人公墓的可行性。我只能明白地告诉他们，这不可能，民政部的意见很明确，如果此例一开，各行业性公墓都要效仿，无法管理。

当时北京新四军研究会正值换届，在焦急等待中又过了 3 个月。一天，管新凯兴冲冲地来找我说，已向陈昊苏汇报，陈昊苏答复说：这个项目功德无量，要积极推进。先由一师分会出面与九公山长城纪念林达成协议，条件成熟后，再由总会接管。

这件事，我至今记忆犹新。陈昊苏举重若轻的领导风度，管新凯执着坚守的执行力，让我印象深刻。

其二，2009 年 6 月，在铁军纪念园的预售选墓和工程建设已全面展开之际，北京市工商局和民政局接到举报，两局执法队 20 余人突然来到九公山长城纪念林

前排左起：2009 年 8 月 20 日管新凯、邵和东、恽晓虎等检查铁军纪念园筹建情况

朝阳区门市部，拿走了全部销售凭单和电脑，理由是：涉嫌传销，非法集资，卖活人墓。随后，传来处罚决定：没收全部非法所得，并追加 10% 罚款。作为九公山长城纪念林总经理的我责任最大。事情突如其来，一时理不出头绪，只能向研究会和九公山长城纪念林董事会如实汇报。在这其后的 3 个月时间里，研究会常务副会长邓淮生的明确表态让我深受鼓舞。

2009 年 6 月下旬，邓淮生主持召开铁军纪念园筹备领导小组会议。他说，行政主管部门来执法，总有他的道理，我们按要求整顿就是，但建设工程不能耽误，要坚信我们项目的正当性，不能自乱阵脚。

2009 年 7 月中旬，邓淮生主持召开铁军纪念园筹备领导小组会议时强调，更换新版购墓协议，是殡葬法规的要求，要向老同志耐心地说明情况，同时检讨我们工作的不足。如果有人要求退墓，就利索地全额退款，不要收取任何费用。铁军纪念园维护的是大家的共同利益，如果有人放弃自己的利益，尊重他个人的选择。

2009 年 9 月初，邓淮生、管新凯携研究会一行 15 人到铁军纪念园工程现场考察。他勉励在场的人说，现在我们遇到了一些困难，但我们要坚持住，要坚信我们现在的努力经得起实践的检验。有些人退缩了，把已经购置的墓位退掉了，悲观思想在他们头脑中占了上风。历史的进程就是这样，一个浪头掀过来，总会有临阵退却的人。没有关系！

逆境时能和你并肩站立、共克时艰的人，内心何其强大！在处理这一事件的半年时间里，其实我内心一直自责，但邓淮生大哥从未埋怨过我，只是高屋建瓴地用行动来校正前进方向。这种“不管风吹浪打，胜似闲庭信步”

的魄力和风度，让我受益良多。

公墓的本质是人们对逝者进行思念的物质载体，是孝道文化里后辈对前辈追悼的终极表现形式。铁军纪念园不仅具备公墓的全部功能，还承载着发扬革命传统的特殊意义。这里安葬的是中国历史上最伟大的民族解放战争中的战士，是民族英雄，无论时代怎样发展，他们都是被敬仰的人。

在铁军纪念园开园 10 周年之际，我深切缅怀在这一年离世的焦若愚老市长。老人家是九公山长城纪念林的开拓者，也是铁军纪念园的积极推动者。九公山新建的上山道路，是他老人家在百岁高龄时，亲自给北京市政府打报告，委托分管副市长责成市发改委立项出资近 2000 万元修建。我在焦老的领导下工作了近 20 年，许多工作的场景历历在目。“襟怀坦荡，高风亮节”，他最当之无愧。

我要感谢北京社会福利促进会秘书长、九公山长城纪念林首任董事长李汝森。李老对我的放手支持，源于他对我始终不渝的充分信任和亦师亦友的工作关系。危机公关的第一要义是领导者站出来。新建公墓要发展，首先面对的是土地、规划、物价、林业、工商等职能部门的稽查。工作中出现的失误，都是由李老出面协调，甚至由焦若愚任会长的社会福利促进会发文承担责任。铁军纪念园受工商局和民政局执法查办时，也是由李老亲自到工商行政管理总局找局长交涉，才最终解决。

2014 年现场讨论纪念坛设计（前左起）刘华苏、邵和东、陈昊苏、邓淮生

我要感谢怀柔区民政局的各位领导。九公山长城纪念林创建之初的局长苗俊存、副局长房朝山、扶贫基地主任赵德强。没有他们积极协助立项和选址，就没有九公山长城纪念林的顺利发展；铁军纪念园创建之初的局长刘国利、副局长肖正凯和张学军，没有他们的鼎力支持，铁军纪念园项目只能是纸上谈兵。正如刘国利局长所说：铁军纪念园有那么多老前辈翘首以盼地期待着，民政局作为行政主管单位不能让他们失望。还是那句话，建好铁军纪念园，既是责任，也是功德。

我要感谢民政部副部长窦玉沛和社会事务司正司级巡视员左永仁。因为早年的同事关系，左永仁还是我在中央党校第十二期学习班的同学。九公山长城纪念林和铁军纪念园从争取立项到建设过程，每一步我都同他们保持沟通，得到他们的坚定支持。

我与铁军纪念园的关系，说到底是与所有参与者共同合作的关系。合作者很多，恕我不能一一列举。但是，我们可以一起见证，铁军园已经走过的 10 年艰辛而辉煌的历程。

愿英灵不朽，愿铁军纪念园永存！

记我所亲历的建园筹备工作二三事

严　束

2020年是铁军纪念园开园10周年。看着眼前曾经的荒山沟，除开园时建的主墓区和墓道，已逐步完善建成拥有记录新四军战史的纪念馆、纪念坛、新四军将士名录墙等系列项目工程，实现了将“铁军精神”传承不仅仅留存在文字和口头上，而是矗立起缅怀告慰先辈英灵、传承“铁军精神”的永久丰碑，这也是广大新四军老战士和他们的后人长期以来的期望和梦想。

今日呈现在我们面前的是长城脚下庄严肃穆的爱国主义教育基地——铁军纪念园。

2008年5月，铁军纪念园这个项目已列入一师分会的年度工作计划。机缘巧合，我也参与了开园之前的筹备工作。

负责筹备工作的兄弟姐妹们是一个充满活力和热情智慧的团队，在长城脚下团结奋斗，怀着传承“铁军精神”的豪情，积极投入到铁军纪念园的筹备工作中。

回首与铁军纪念园共同走过的12年，无限感慨。但最使我记忆犹新的是，开园之前紧张忙碌的筹备工作。我亲历了前期摸底征求意见回函的统计和咨询，参与了墓区实地考察、选墓购墓、退墓换票风波等前期工作，颇有感触。

一、回函统计

2008年底，在立项建立铁军纪念园之后，经过选址，确定在怀柔九公山。研

究会与九公山长城纪念林有限公司合作，因当时该公司的总经理是新四军一师老战士的后代，有着共同的情结，又是此业务的行家，使我们省去很多麻烦。他提出，在无赞助投资的状态下，要尽快摸底有多少人购墓，才能看到项目是否可行。

于是，我们向各分会发放了近千份有关建立铁军纪念园的意见征求以及购墓意向函。我负责统计汇总回函及咨询工作。征求意见函中，详细说明了建立铁军纪念园的意义、选址、管理模式以及各种墓位的价格和售后服务等事项。

当时，各分会都有专门的联络员，但令我困惑的是有的分会一份回函都没有，或者仅有购墓数。经询问是联络员不好意思开口，怕对方不理解，也就问了一下身边熟悉的人，有的分会意向函根本没发下去。因此，大量的工作也就落在几个负责咨询的会员头上。由于老同志大多年事已高，听力下降，我们经常要对着电话大声解释并征求意见，真可谓口干舌燥。还有个别的后代不理解，说话很难听。但看到许多老战士在回函中微微颤抖的鼓励和支持的字迹，熟悉亲切的签名，感到就像自己的父母在身边。12年前，有些联络员还是老同志，他们特别认真负责，每一张回函都交代得清清楚楚，这种工作态度，也深深地激励着我们。

经过大家的努力，返回意见函共计 236 份，其中 90% 的老同志赞同，都说这是一件大好事，并有 127 人提出购墓意向。很多老同志还提出了很好的意见建议。统计结果大大鼓舞了我们。

二、实地考察以及购墓

在征求意见、统计回函后，大家基本上做到心中有数，总会也正式成立了筹备组，工作更加细化地落在了实处，开园前的筹备工作紧锣密鼓地铺开了。

我印象最深的是 2009 年的 4 月。

为了让大家实实在在地走进铁军纪念园，筹备组分别在 4 月 12 日、4 月 13 日、4 月 14 日安排会员及其家属到铁军纪念园实地考察。这 3 天，每天都分别在军博及芍药居两地乘车，每辆

车均指定召集人负责乘车秩序及人数统计，便于及时与园区联系，更好地安排车辆停放、轮椅使用、就餐人数等细节。至今我在整理材料时，看见当时的记事本上的记录，都为筹备组这个团队的无私奉献精神而感动。

在大家实地考察的前一天，4 月 11 日筹备组一行人就全部提前上山准备，配合九公山做好大家实地看墓的前期工作，检查雕塑、主墓区、墓道的整洁、停车处、轮椅、厕所等配套设施。晚上就在山里宿营，那也是我第一次住在这样的地方。晚上山野里好静，天气偏凉，但心里很平静踏实，因为将来在这里会有我们的亲人。

4 月 12 日、4 月 13 日、4 月 14 日 共接待近 400 人。

实地考察后的第 2 天， 4 月

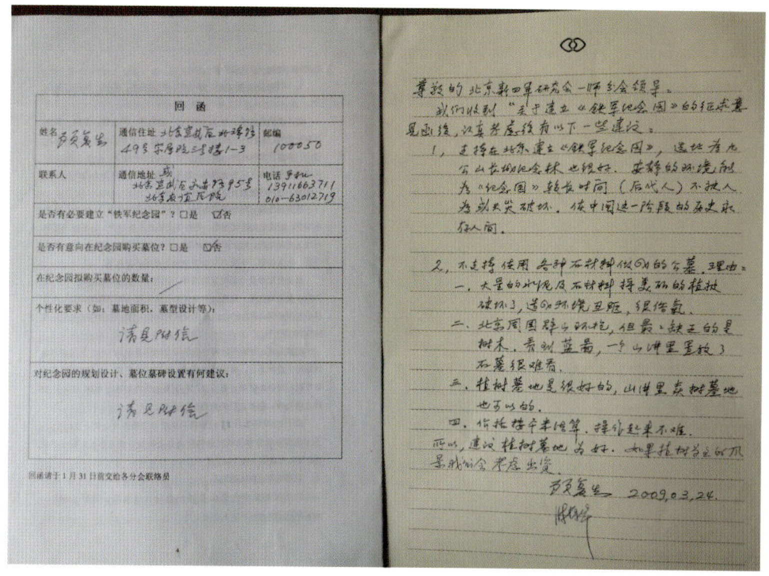

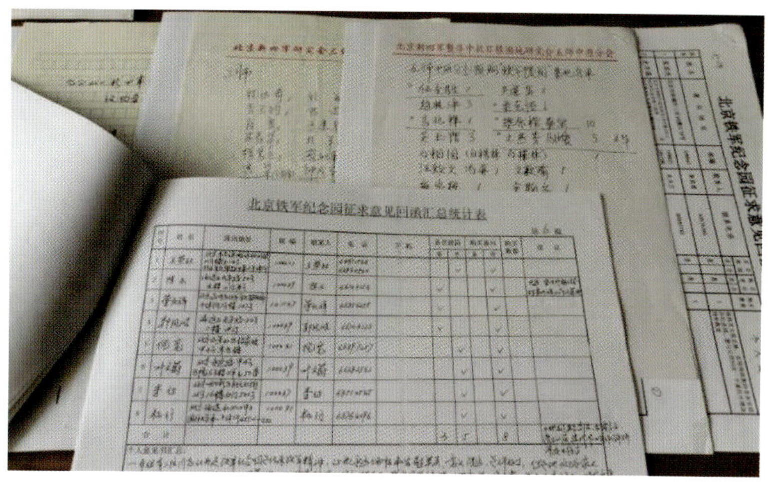

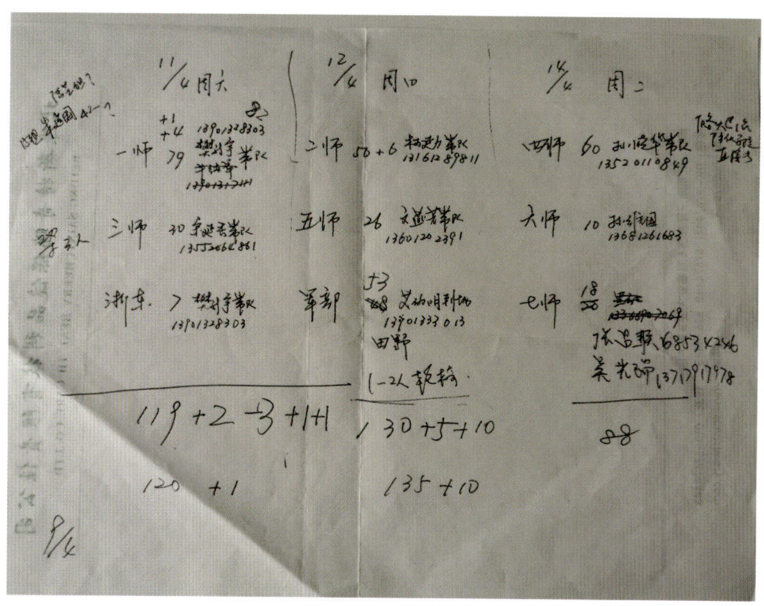

15日就开始安排购墓。那天一大早，我们直奔亚运村名人公寓（九公山长城纪念林驻北京办事处），与九公山的刘会计一同为铁军纪念园开了一个专用账号，专款专用。为了便于老同志选墓，办公地点挂了一个大大的铁军纪念园

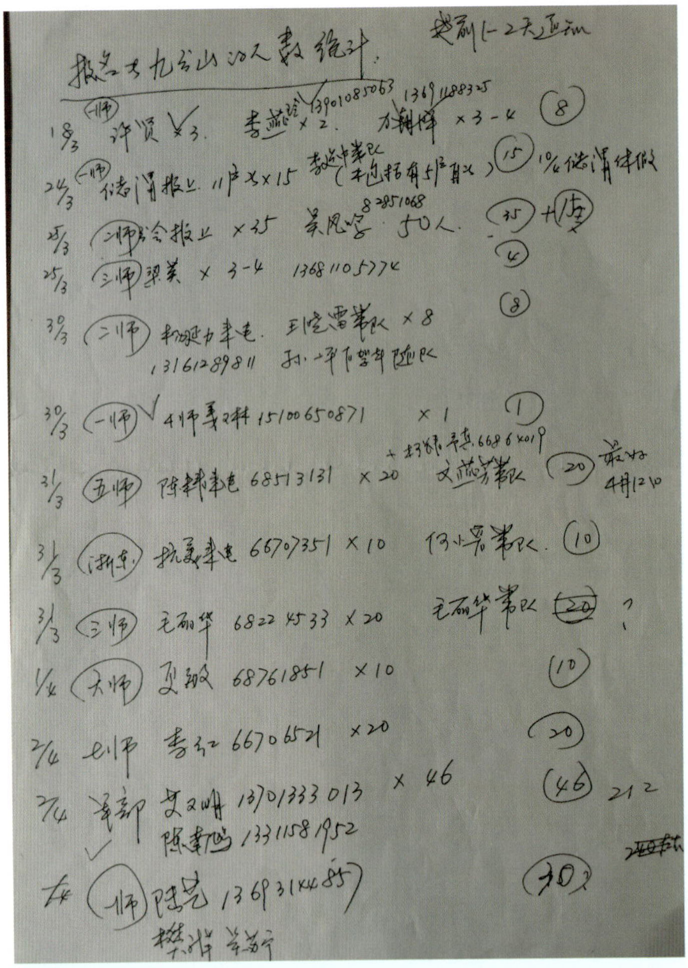
报名去九公山的人数统计

规划园区平面示意图，当天就有 50 多位老同志购墓。

此后的几个月中，随着总会以及各分会的重视，截至 6 月老同志陆续购墓 195 座，交款达 6941775 元，也就是说现实中在一步步地按计划走向正轨。

三、退墓风波

正当选购墓位工作进入首批定位交款之时，有人因铁军纪念园某些不完善的环节向工商局和民政局举报。6 月 18 日，市清理公墓领导小组对全市的公墓进行了工作检查，经查在铁军纪念园公墓的宣传服务承诺方面存在疏漏，故在 7 月 1 日收到《责令限期改正通知书》（市民抓改 [2009] 第 04 号），限期在 30 日内改正。

7 月 16 日，在邓淮生和管新凯的主持下，铁军纪念园筹备组和九公山长城纪念林有限公司领导召开了整改会议，根据《通知书》精神，决定对疏漏的问题进行改正并一一进行调整。

作为筹备组的具体工作人员，我又重新投入整改工作中。七师分会的办公地点作为临时整改的现场。我也于 7 月底至 8 月中下旬参与重新对已经购墓的会员更换新合同、登记所需证件、换取发票的工作。在此期间，大多数老同志及其家属表示理解，充分配合，重新办理了手续。也有部分人不同程度地表示不满，提出退墓，均将全款退还给本人。整改之前已购墓 195 座，风波之时退墓位 41 座，涉及金额 1276300 元。

这场风波，对于我们来说并不是一件坏事，而是通过整改使系统管理和购墓合同更加完善。既然建立铁军纪念园是一件功在当代、利在千秋的大好事，遇见困难就要坦然面对，有问题就要解决，绝不能放弃，这也是老一辈革命情怀已化作我们这一代人永远不变的情结。

年华飞逝。望着老一辈渐渐远去的身影，他们曾经用青春、热血和生命写下的故事，将深深地刻在墓碑上。如今，我们也已是古稀之年。深刻地感受到记录这段历史的紧迫感和危机感。铁军纪念园建设的全过程，就是将“铁军精神”继承融化在血液中、铭刻在心坎上的行动。这也是我们参与建设铁军纪念园的兄弟姐妹们，能够在整个过程中克服种种困难，不忘初心，勇往直前的动力。

薪火旅途，一片晴朗

郭 鹏

在从新加坡到民丹岛的游轮上，收到了岳母戈继军相邀作文的微信，往事如马六甲的海浪暖湿而至。的确，该写点什么纪念一下了。于是这个承诺变成了此次热带之旅的一个沉沉的行囊，一直背着、一直挂怀。

写作尤其是实录本应是个严肃的事情，苦于旅途中资料难找而迟于动笔。好在自己前期都在各位叔叔阿姨们的指点下亲力亲为，回忆如同一枚枚印章戳在自己的脑海里，鲜明而深刻。邓淮生叔叔的英明，管新凯叔叔的果断，刘华苏叔叔的才思，邵宁东叔叔的精明，许朝奉叔叔的奉献。岳母岳父更是“神仙眷侣”，亦庄亦谐，一文一武，如同一对久经沙场的战士。而我作为三代会员唯一的感觉就是压力山大，因为我负责首期的设计和策划推广执行。想要方案通过，哪怕一段文字的揣摩都势比登天。记得 2009 年那段时期的前期策划会，常有奇思妙想，每每令人拍案。而随之诞生的北京怀柔九公山铁军纪念园也成为当时中国红色主题纪念园的亮丽风景。它建立就是一颗火种，是未来洒向全国的火种，是为了红色主题文化的薪火相传。

记得 2006 年我加入到北京新四军研究会（一师分会）的大家庭中，我能加入到这样的组织一直深感骄傲。这个组织的叔叔阿姨都是革命英雄家庭的后裔，还有很多在媒体上经常听到和见到的人物。记忆中的那些闪亮的名字——陈昊苏、陈小鲁、乔泰阳、粟戎生、邓淮生、管新凯等很多名人……大家亲如手足、心往一处拧、劲往一处使。他们都十分低调，像我这样的“群众”也受到十分尊重的对待。没有人有怨言，都在默默奉献。会长们及分会的领导们更是把所有的事情都自己扛，无论是研究会的“顶层设计”“可行性方案”“年度计划”“执行方案”等都汇聚在他们那里。而他们却往往可以泰然处之、化繁为简。从新四军二代们的工作作风中我逐渐了解了“铁军精神”，终于明白为什么新中国可以建立的原因了。在这里我所有的年少轻狂都被“秒成渣”。我在研究会担负的工作，想要完成好更要精益求精，但凡有所疏漏都会被前辈指出并重做。同时，我也想学习前辈的精神，也想通过自身的努力让前辈知道我也不是吃“素”的。在这里想要及时地完成各种任务，不仅要能写、能说、能有想法、能有见识等，还要像个“猎人”一样，把你放入陌生的林野里，能以最快的速度，“猎取”想要的结果，同时，我还希望“猎取”的更多更好，让前辈能开心地给我以赞许。

虽然我在研究会里还是个“小学生”，但我尽可能“装”得像个成年人。尽可能地动用一切社会关系以最少的成本为铁军纪念园的前期做工作。当时，我这个新四军三代会员一方面受到外界的欣赏与羡慕，另一方面也要承受着外界的各种冷遇，真可谓“冰火两重天”。譬如：在做铁军纪念园的规划设计时，由于想把设计工作做得更加出色、更加具有标志性，以匹配

那些“创立新中国的一代人”的荣耀。我利用工作关系先后找了英国的阿特金斯（帆船酒店的设计公司）和美国 EDSA 景观设计公司，希望通过自身项目的合同把这个“小活儿”加进去。由于我不是项目法人，加上有点占便宜的心态，经常要受人怀疑、白眼。而且，当时也没有视频会议技术及交通方面的便利条件。我为了商量一件事，常常骑个破自行车，穿过大半个北京城，从海淀区跑到东城区东方新天地里找设计师开会，同时，还要穿着正式的西服，去配合外企的谈判语言。于是，北京的街头经常看到一个年轻人穿着西服快快乐乐地骑行在长安街上。记得跟设计师谈事的时候头上还冒着丝丝缕缕的“白烟”，那是汗水遇到极冷空调后的情景。功夫不负有心人，终于在美国 EDSA 的设计团队里影响到了王冉（万万树项目的同事）的朋友冯鹄，他同意以私人的方式为我们提供最低价格的设计服务并能现场为研究会领导们做汇报，心中的一块大石头终于落地。在当时的设计行业中，想要将自己的产品设计成作品，并具有一定的辨识度，具有国外见识的中国设计师也是为数不多的。为了让领导们更好地决策，我让他做了四个设计方案并出具了效果图。分别是以实用、超越、保守、地标这四个方向进行诠释。经过几轮的内部讨论后，将三个难分伯仲的方案交由当时的一师分会领导审阅。

会议在传媒大学的阶梯教室中进行，那里有投影仪和播放设备。说是一次汇报不如说是一次较量，一次自己与自己的较量。只为了在现有条件下能够保证“前瞻性”及“标志性”。

较量：传媒大学动画学院阶梯教室的 180 分钟

时间：2009 年

事由：讨论铁军纪念园的规划设计

甲方：北京新四军研究会、工委会邓淮生、管新凯、戈继军、邵宁东、许朝奉、牛德军、郭鹏等

九公山邵和东总经理

乙方：美国 EDSA 冯鹄

随着时间的推移，传媒大学成了我们的“根据地”。这里先后开了几次重要的会议，其中有规划设计研讨会、推广方案设计研讨会。在这里要感谢中国传媒大学许朝奉叔叔及那里的老师给予的场地及后期设计印刷的大力支持；在宣传册设计审定会时陆艺姐姐也参与了进来，虽说是我自己做的宣传册初稿，但她的很

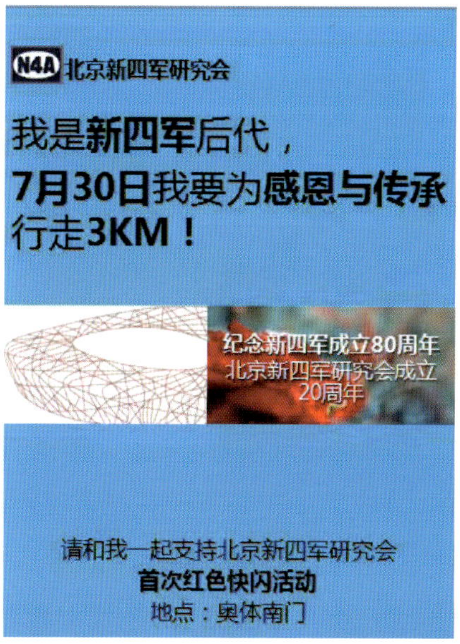

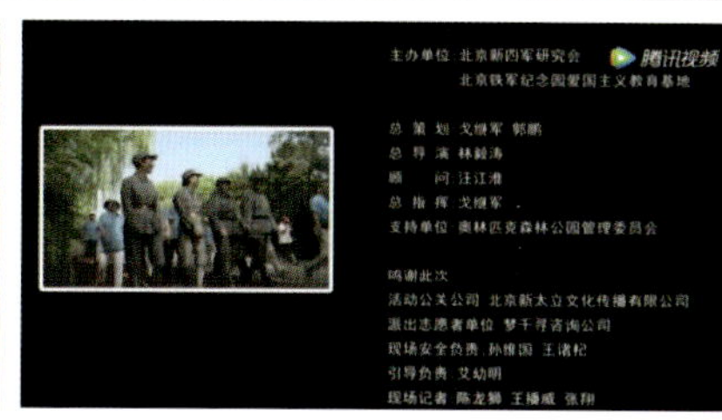

多建议都很有意义并更加成熟。使得这个宣传册能顺利通过研究会领导一字一句的严格审核。宣传册最终由许朝奉叔叔那里的老师和学生们进行排版及印刷。在这里我要再次感谢中国传媒大学的校领导及许朝奉叔叔和师生在初期的鼎力支持与默默付出。

我经常在工作中挖空心思地去想如何更好地让研究会尤其“铁军精神”依托于铁军纪念园这个平台可持续发展下去，虽说会有很多的谈判博弈，我们也会义无反顾地坚持下去，尤其是在没有成本的前提下与年轻人心中产生真正的共鸣。我经常和我的岳母讨论当下的时事热点，有没有值得借势推广研究会的机会，让像我们这样的老百姓更加认可和传承“铁军精神”，将“铁军精神”中不屈不挠的精髓在新的历史条件下发扬光大。是不是可以用一种年轻人认可并成为时尚的一种手法将“新四军成立 80 周年、北京新四军研究会成立 20 周年、铁军纪念园荣获北京市爱国主义教育基地”的主题深入人心？更好地去点燃当代年轻人、中年人心中的爱国激情，时刻铭记“有国才有家”。在当下风云万变的国际形势及疫情的情况下“用心汇聚 14 亿人的力量”紧密团结在国家的身边办大事的决心。

传承：纪念新四军成立 80 周年，策划组织红色快闪活动

作为铁军纪念园开园十年的参与者、记录者、见证者、策划者，我感受到的是铁军纪念园这十年的创造、细心、协作。铁军纪念园已然成了中国红色文化发展的战场。

2017 年，为了更好地让新四军历史和北京新四军研究会的信息在群众中引发关注，更好地传承“铁军精神”，我们策划了此次快闪活动，第一次以铁军纪念园为红色主题的快闪活动。同时，我聘请太立德仁公关公司免费制作了微信报道及活动视频，在这里我也要感谢太立光标董事长颜凌志和时玥对

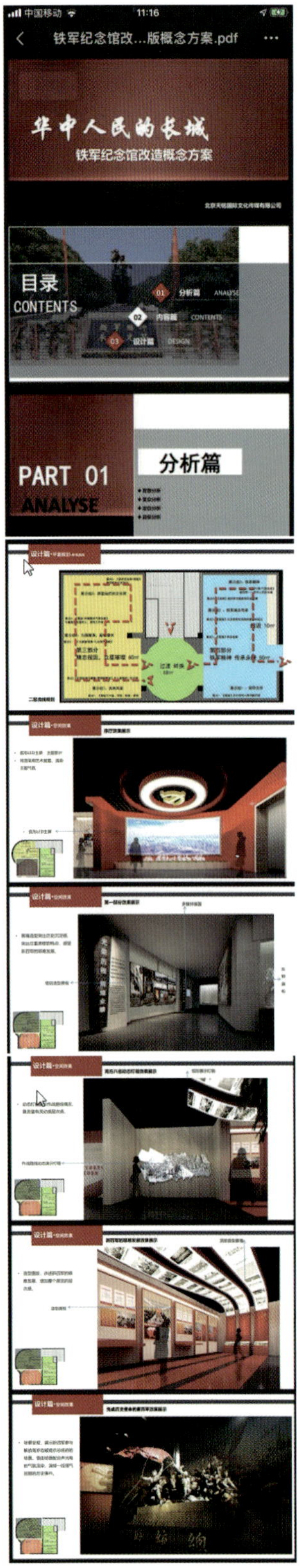

此次活动的全程付出与支持。我设计的暖场微信圈信息得到了许多的朋友支持与转发并率先在微信朋友圈中倒计数预热。这些好主意、好点子均得到了总会和工委会领导的大力支持。研究会各个机构纷纷利用自己的个人关系解决快闪活动的问题，比如：当地公安协调、奥体公园的协调等重大事项。没有他们的鼎力相扶，快闪活动可能会胎死腹中。没有总会领导和大家的共同支持就没有这么理想的结果和这么好的群众反响。我们也是全家齐动员，我的女儿、四代会员郭笑涵也有幸担任了快闪活动的领唱。她从小就投入在研究会的怀抱中，在同学和老师的眼中她比别人更阳光、更朝气、更单纯，也许这就是“铁军精神”潜移默化的影响吧。

我们现在或是走下舞台或是步入了更大的辉煌，然而这都不重要，“铁军精神”的传承才是人类文明的延续。迭代的发展是会有短短的停顿，停顿是间歇、是体味，不是曲终，是向新的高潮冲击前的准备。未来的年轻人会有新的思考、新的格局、新的路径、新的规则！永放光芒的“铁军精神”传承人们，为中华民族的伟大复兴而再度燃烧。

再厉：与泰康的合作

2019 年，在铁军纪念馆装修改造项目中，我找到香山革命纪念馆的设计方北京天铭国际文化公司的董事长金鑫（以前我的乙方）。反复商讨下终于同意为我们免费出一版造价 200 万的装修改造方案并向铁军纪念园工委会成员进行当场汇报，并给予我们更多的专业建议。让我们增加了对泰康的工作要求，有理有据地在有总会领导参加的会上向泰康项目方进行了展示，并阐述了我方的意见，使泰康在方案中加入了我方的实际要求，达到了我们降本增项的目的，更好地保障了纪念园长期稳定的经营目的。

面对国内外敌对势力的挑衅，在党和国家的号召下，爱国主义当仁不让成了这个时代最生动的主题。从概念到文化，从文化到精神，从精神到 IP（知识产权），机遇是属于每个进取的团队。大浪淘沙洗去林林总总之后，我们终于知道，唯有传承象征坚韧与责任的“铁军精神”才是我们最大的本分和最终的义务。

这些都是临时组建的群，工作结束后会马上取消。就是他们的默默付出才使得铁军纪念园走到了今天，铁军纪念园的不断创新是发扬光大“铁军精神”的基石。我们要铭记这里的每张笑脸，因为这里记录着那段无需证明的燃情岁月……

后续：

自从铁军纪念园问世以来，反响强烈。这里唯一的目的是传承与发扬，这里的人都有一个信念就是无私奉献。

纪念园的市场轰鸣是由纪念馆的建设引发的，为了将纪念馆如期完工。北京新四军研究会铁军纪念园工委会成员驻现场。其中很多都是50-60岁的叔叔，他们为了保障工程的顺利进行大多吃住在山上，裹着军大衣在山里睡觉，在恶劣的低温环境下施工。有时真分不清哪些是民工哪些是研究会的“二代会员”。真正的“红二代”其实是这样的，我们作为当代的青年人还有什么理由“淫意娇奢”？在我看来这里真的不是陵园，是所有新四军老战士精神的象征。

铁军纪念园走过的这十年，在这本书中有投影、有足迹、有汗水与泪水。这不是忘却的纪念。虽然这十年还有很多人和事值得书写；这不是为了追忆逝水年华，为的只是 曾经的投入其中，曾经的用心书写，曾经的试图改变。感动，为了传承“铁军精神”及中国脊梁的不朽，为的了解这份专注、忠心与执着；感谢，为的是中国红色文化的建立与传承，更书写了红色文化传承十年的峥嵘岁月。而我们很多人也在路上，写下光荣与梦想，留下了无法忘却的人生回忆。我曾经很早就讲过，在中国红色主题文化发展进程中，铁军纪念园发挥了积极的推动作用。文化影响着我们，我们也以自身的力量影响着文化。北京九公山铁军纪念园以创新精神为激励，担起了传承的责任，而北京新四军研究会对于红色主题文化的薪火传承功不可没。能有幸徜徉在这样的时代里，我们十年不觉得虚度，百年也不会孤独。

两岸的风景已经渐行渐远，但大多数都已经定格在我的相机里。此时马六甲的波涛已化为深水潜流，微风吹过，海面一片平静，想起了北京九公山铁军纪念园的建立，我只记得我们一起走过的风风雨雨以及那种醇厚的友谊，如同这马六甲的日出，橙红温暖，一片晴朗。

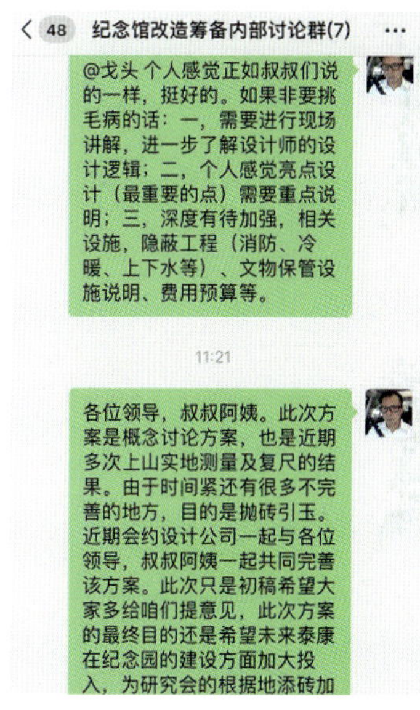

忆铁军纪念馆布展工作

刘华苏

2013年1月14日，北京新四军研究会召开四届二次理事会，在部署年度任务时，安排了铁军纪念馆布展工作，成立了专门的编委会（名单附后），明确了在中国共产党成立92周年的7月1日举行开馆仪式。

领受了这项宣传铁军历史、弘扬“铁军精神”、传承红色基因的任务，编委会的同志们深感使命光荣、责任重大。同时，也面临着三个方面的难题：一是时间紧迫。满打满算，不足半年。要完成大纲撰写、资料收集、文物征集、展厅设计、展板制作、安装到位，实属不易。这就需要统筹规划，开足马力，夜以继日，狠抓落实；二是经费有限。连同编委会的工作经费，整个布展仅有20万元，与各类纪念馆布展经费（约1平方米/万元）相比，差距甚远。这就需要量入为出，精打细算，少花钱、办成事、办好事；三是展厅狭小。这是最大的难题。完成土建后的展厅面积仅约400平方米，而且分为三层，不在一个平面。要像同类纪念馆那样展现新四军的征战历程，显然不行。这就需要另辟蹊径，推陈出新，“螺蛳壳里做道场”，小天地创出大场面。

编委会的同志们群策群力、集思广益，经过反复研究，确立了“小而精，有特色”的6字方针，并贯穿整个布展工作。在学习借鉴的基础上，坚持从实际出发，走自己的路，努力做到“人无我有，人有我新”，扎扎实实地在“有特色”上下功夫、做文章。

第一，在整体结构上有特色。改变了按编年史布展的通常做法，以时间为经，以人物、事件为纬，将66块展板分为四个部分：第一部分，光辉历程。介绍了新四军艰难辉煌的征战历史；第二部分，雄师壮歌。介绍了新四军18场英勇壮烈的战役战斗；第三部分，群星璀璨。介绍了新四军21个光照千秋的杰出人物和英雄群体；第四部分，传承永续。介绍了铁军部队的沿革发展和北京新四军研究会对“铁军精神”的传承发扬。整个展览脉络清晰、层次分明，再现了新四军的光辉历史、英雄人物、崇高精神，给观众特别是青少年留下了深刻印象和有益启示。

第二，在展陈内容上有特色。在“群星璀璨”中，选择了从将军到士兵，从冲锋陷阵的指战员到各条战线的人员，展示了新四军忠诚于党、热爱人民、精忠报国的英雄群像；在“他们从新四军走来”中，经过艰苦细致的查证工作，介绍了从新四军涌现的1966年前省部级领导干部。这份185人的名单，是铁军纪念馆首创，填补了同类纪念馆的空白；在“传承永续”中，运用研究会多年寻访老部队的成果，介绍了新四军部队的沿革发展和今日新貌，彰显了铁军血脉赓续延绵、红色基因代代相传，观众反响热烈。

第三，在表现形式上有特色。为了纪念在民族危亡的关头，用血肉筑成新的长城的新四军将士和华中抗日根据地人民，编委会征集了战争年代的938幅（含有

纪念馆编委会主任刘华苏在纪念馆开馆时向参观者介绍馆内展陈

设计制作组组长陈永昌汇报展陈及设计

3000 余人）照片。其中，既有军首长也有普通士兵，既有军人也有群众，既有老人也有儿童，每个人都是血肉长城上的一块砖石。由这些照片组成的 70 平方米的“华中人民的长城”人像墙，形成了铁军纪念馆的一大亮点，收到了震撼人心的效果。

第四，在空间利用上有特色。在展厅的屋顶和墙壁上，与展板内容相配合，绘制了 10 幅计 270 平方米的示意图和 1 幅 50 平方米的大型油画，介绍了新四军从组建、发展直至夺取抗战胜利的光辉历程。同时，也有效地弥补了展厅面积狭小的不足。

2013 年 7 月 1 日，在北京怀柔九公山铁军纪念园隆重举办了“北京市爱国主义教育基地揭牌暨铁军纪念馆开馆仪式”。铁军纪念馆的建成，使黄河以北、北京地区有了第一个系统介绍新四军历史的纪念设施，为学习、研究、宣传新四军和弘扬“铁军精神”，创造了有利条件。开馆后，接待了一批又一批党政机关、大中院校、驻京部队以及社会各

纪念馆编委会副主任汪江淮解析纪念馆展陈

界的人员前来参观，很好地发挥了爱国主义教育基地的作用。

铁军纪念馆布展工作的成果，来之不易。一靠总会的正确领导。总会召开多次办公会研究布展工作，认真审议纪念馆布展大纲、设计方案、展板内容。特别是陈昊苏会长，对展出内容字斟句酌、仔细推敲。二靠全会的团结协作。各分会选派精兵强将参加编委会，对征集资料、捐赠文物等工作，有求必应，积极支持，体现了“一盘棋、一股劲”的精神。三靠班子的群策群力。编委会发扬民主，正确决策，周密筹划，精心组织，加强协调，发挥了集体领导作用。四靠大家的无私奉献。全体编委不负重托，团结奋战，充分调动主观能动性，发扬了不计名利、无私奉献的精神和特别能战斗的作风。汪江淮主动请缨、亲自担纲，撰写了高水平的文字脚本和讲解词，为整个布展工作奠定了基础；王小戬牵头，陈永昌为主将，加班加点完成了新颖独特、高质量的设计制作；戈继军作为秘书长，统筹组织，协调各方；孙晓华、陈南鸥负责秘书联络工作，细致周到；李晓帆、吴苏宁、余燕秋、郭北燕负责宣传教育工作，有声有色；束陵平负责财务工作，精打细算。张翔、温沪生在亲人病危、病逝之际，仍恪尽职责，努力工作，令人感动。五靠九公山长城纪念林有限公司的密切合作和市区有关单位的关心支持。北京市原市长、长城纪念林有限公司名誉董事长焦若愚为铁军纪念馆题写馆名。邵和东作为公司负责人，抓规划、抓实施、抓落实，与市区有关方面积极协调，带领公司员工作出很大贡献。北京市委党史研究室，怀柔区委、区政府，对纪念馆的建设给予了热情关心和支持。

铁军纪念馆编委会

主任：刘华苏

副主任：汪江淮 王小戬

秘书长：戈继军

秘书财务组：组长：戈继军（兼） 组员：束陵平 孙晓华 陈南鸥

史料整理组：组长：汪江淮（兼） 组员：樊新宇 杨延力 郑鲁南 周志斌 陈胜华 张翔

设计制作组：组长：陈永昌 组员：宋小兵 恽晓虎 周煦明 温沪生

宣传联络组：组长：李晓帆 组员：吴苏宁 余燕秋 郭北燕

我们为参与而自豪

孙维国

北京九公山铁军纪念园已开园10年了。回顾历程，我想就纪念活动中的车辆管理讲几点体会。

纪念活动从人员和车辆的走向看，实际上是“分散—集中—分流”的过程。车管组主要负责车辆从进山到停车及出山这段时间内的分流疏导工作。这个任务说重不重，但是要在规定的时间内完成多批次和多车型的车辆及数百人的集散任务，并保证人车安全，困难也是不小的。

首先，九公山陵园的停车条件复杂而多变，大车还存在单行及调头的困难；其次，活动结束时数十辆车都急于撤离，会出现拥堵的现象；再次，管理人员都是二代会员，大都是从各分会临时抽调，缺乏经验，而小车司机多是相识的兄弟姐妹，更怯于强制性的管理。碰到根本不听从指挥的司机，有时真是没有办法。

在10年的车辆管理中，我们逐渐摸索出一些经验：虽然科学管理是必要条件，但敢于管理却是首要条件。飞机导航如果没有权威性将酿成灾难，车辆调度也一样。首先，在“敢管”方面，我们提倡“哨兵”的神圣性、强制性，要求一切车辆必须听从管理人员的指挥。我们在车管人员中反复强调和磨合这个理念。记得在一次活动中，有一个车管员没有听明白军车和已登记的车辆同样放行的规定，拦住了一辆军车。我们没有批评这位车管员，维护了管理者的权威性。其次，实行科学管理，对每辆车都要指挥到位。这样，不但一个车场可能多停放几辆甚至十几辆车，也可以避免撤场时的混乱和拥堵。

我们在一步步的实践中摸索、认识、总结、提高，建立起科学管理模式。主要有三点：

一、抓大不放小，制订具体有效的办法

（一）抓大

1. 大车为主（不限辆）、小车为辅（按

左起：车管组王诸杞、孙维国、柴晓飞、王小戬

登记的车辆号码进入）的原则。例如，举办 500 人的活动，大车和小车各 50%，预计 5 辆大车、83 辆小车。平均一辆大车运力相当于 17 辆小车，而 17 辆小车的占地面积远远大于一辆大车。因此我们提议并坚持大车为主、小车为辅。

2. 单向行驶人车分流的原则。山上最危险的是弯道、错车、坡起同时发生，而九公山进山道路至少有两处存在这种情况。我们在这两处设立调度岗位，在车辆集中的时间内，保证各车场顺利分流；同时，让大车尽量停在主会场的上方停车场，这样就把近 70% 的人员和车流分开了。

（二）不放小：

1. 大小车尽量分开停放。

2. 小车全部头朝外 45 度斜式停放，同时要求车头在最外边的几辆车等活动一结束马上驶出会场路边停车（把出场通道打开）。

3. 先安排主会场停放小车，停满后马上封闭或开会前 15 分钟封闭主车场。

4. 保证各车场与主副调度的联络。

5. 充分发挥九公山摆渡车的作用，在活动结束后将人员运送到大车场。

6. 大车在厕所处停车放人后掉头开到指定区域。

二、机动灵活，各负其责

由于每次活动前的环境和车辆都会发生变化，车管组需要提前上山，根据情况制定方案，每一次都要有预案。在具体实施中，更要求管理人员分工明确，机动灵活，各负其责，及时沟通。既要严格执行计划，又要耐心解决出现的问题。例如，周煦明和冯淑琴对主会场的车辆管理很到位；王楮杞既能调度得当又能很好地安排大小车的车场管理。在大车车辆最多的一次活动中，在有限的停放区域里合理地停放了所有的大车车辆，保证了活动的顺利进行。

左起：王诸杞、周煦明指挥调度车辆

三、与公司车管人员积极配合

由于九公山停车场分散，每个场地不大，造成会场车管人员较多。每次活动，我们与九公山公司共同研究预案，以我为主，公司配合，定岗定人，责任明确。为了解决公司车管人员不敢管的顾虑，以我为主，公司协作，统一着装，统一联络。公司给予我们大力支持，使我们做到车进大门有通告，车到场地有人管，车辆进出有秩序。

车管组的工作逐渐赢得了大家的认可，这是工委会领导放权并全力支持的结果，是各级领导关心指导的结果，是各分会大力支援的结果，是老同志和兄弟姐妹积极支持的结果，是九公山公司鼎力配合的结果，也是车管组团结奋斗的结果。记得有一次活动在中到大雨中进行，当活动顺利结束后乘车离场时，研究会的所有领导全都摇下车窗向车管人员挥手致意。我想，他们代表了研究会全体会员的心意。这是车管组全体工作人员的光荣！

今天，铁军纪念园建设得越来越好，已成为北京市爱国主义教育基地。每年的公祭活动是传播“铁军精神”的亮点。我们 10 年的付出，可以告慰英雄的父辈。

人生难做几件大事，我们每一个人为参与而自豪。

参加过车管组工作的人员：

孙维国、王诸杞、周煦明、冯淑琴、干小淮、殷卫平、张海岩、赵志勤、周海宁、柴晓飞、王小戬、温沪生、余燕秋、牛德军

TO BEAR IN MIND FOREVER

永志不忘

（纪念篇）

追寻
——颂扬“铁军精神”

旌旗十万斩阎罗
——铁军纪念园散记

王 平

1949年进城以来，无数可亲可敬的新四军战友浮现在我的脑海中。我曾注意寻找，但收效甚微。1976年后，我常到南京出差。经过老乡的帮助，在南京找到了苏中宝应县鲁庄区区长姜启彤。他曾是我的小学老师。1940年学校被日本鬼子烧毁后，他就参加了革命。三年后他当了区长，我则当了他的警卫员。我每次到南京出差，都要去看望他，亲切极了。离休后，在我三弟的帮助下，又找到了我们警卫班的杨正国同志。他曾是鲁庄区政委谢慧珍同志的警卫员，也非常亲切，多次往来。

几十年来，像这样能找到老首长、老战友的情况屈指可数，绝大多数都杳无音信，不知所踪。在革命队伍中，战友之间同甘共苦、生死与共的感情是非常深厚、浓烈的，为什么相见却很难呢？后来我想通了，主要是革命形势发展很快，相互认识后，常常个把月就分开了；部队深入敌后，迂回穿插，交通阻塞，战斗频繁，伤亡时有发生。

进入新世纪，我和老伴参加了北京新四军研究会的活动。其时，研究会正在推进二号工程——在九公山建立铁军纪念园和铁军纪念馆。我即刻感到，这是一个很有意义的创举。回想我们铁军战友，生前很难相遇，百年后相对集中，也是对生前高度分散的一个补救和慰藉。我想，日后能与日思夜想的战友长眠在一起，这里就是最佳的选择了。我老伴王桂喜同志已先我一步，在此回归到战友队列之中了（第 4 排第 10 墓位）。

九公山位于京北长城的中部，历史上就是拱卫京师的一个龙骨。新中国成立以来，巍峨的京北长城，已成为一道绿色屏障。站在九公山顶远眺，周围奇峰叠嶂，林海滔滔；脚下绿树青翠，花草秀美，似仙境一般。

在山中一个宽阔的谷地里（恩泽园），建起了肃穆、雄伟的铁军纪念园和铁军纪念馆。谷口朝东，有一片坡地。坡地北侧建起了新四军将士名录墙，坡地当中矗立着高大的铁军战士持枪跃马的雕像。雕像下面的巨石上，镌刻着迟浩田上将“铁军精神，永放光芒”的题词。循坡西行，首先映入眼帘的是新四军四位领导人的塑像，再前行就是陵园主区：山上山下，依山就势，排列着整齐的墓群。每个墓碑，都是由花岗岩雕成的一面“红旗”。山风吹来，“红旗”在绿荫和花海中时隐时现。整个墓区，风景秀丽，意境深邃，正气昂扬！

每当东方欲晓或者夕阳西坠，山谷里就云雾缭绕，紫气勃发，好似埋伏着万千不屈不朽的神兵，等待着陈毅军长的号令：“此去泉台招旧部，旌旗十万斩阎罗！”铁军纪念园是阵地，马克思列宁主义、毛泽东思想的大旗在这里永远飘扬；铁军纪念园是学校，永远是爱国主义教育基地，传颂“铁军精神”，教育激励后人。长眠于此的铁军战士是一支特殊的队伍，过去是“南征北战打江山，克勤克俭建家园”的斗士，而今成为历史的见证和记忆。他们无愧是共和国的瑰宝！

记铁军纪念园

丁仲华

北京新四军暨华中抗日根据地研究会与北京市九公山长城纪念林有限公司在怀柔区渤海镇、慕田峪长城脚下的九公山长城纪念林建立了一座宏伟壮观的铁军纪念园。迄今已经整整10年。

遥想我最初到那里时，工程才刚开工，正在修建第一层台阶。经过多年的努力，不断扩建完善，逐渐形成规模。2013年兴建了一座三层建筑——铁军纪念馆，馆前高高矗立着英勇威武、持刀策马的铁军战士青铜雕像，雕像下面的石碑上题有迟浩田上将题写的“铁军精神永放光芒”八个金光闪闪的大字。纪念馆的右侧建有一面刻有3000余位在京工作和生活的新四军将士名录墙。馆内有简要介绍新四军光辉战斗历史、新四军中英雄模范人物事迹的图版以及北京新四军研究会在弘扬传承“铁军精神”方面的业绩，展柜中还陈列了不少珍贵的文物。

北京新四军研究会对铁军纪念园的建设非常重视，将其列为研究会的“第二号工程”，每年都要在铁军纪念园举行隆重的公祭活动。2012年铁军纪念园被授予北京市爱国主义教育基地，正在发挥其对青少年进行爱国主义教育的更大作用。

铁军纪念园建在一个独立的山沟里，坐西望东，阳光灿烂，依山势建立墓地，逐级而上。它是在京新四军老战士们落叶归根、入土为安的栖息之地，更是一处向年轻人进行革命传统教育的神圣课堂。

我记得，当时，此项工作由一师分会负责通报预购。在七师分会一次年会上，一师分会一名女同志向我们做了讲解。她说，这是研究会对老同志的关怀，办了一件好事、实事。我想，我在北京工作生活了60余年，铁军纪念园应是我的归宿之地。因此，2009年我就预购了墓地，后因有违民政等部门规定而退款。2013年我携子女进行了实地考察后，当即认购了一块理想的丁家墓地。

由于我参加七师分会的工作，通过参加各种活动与老同志们和后代会员们经常相会聚首，结下了深厚的友谊。我想百年之后，我们又能以墓碑相伴，继续我们的战斗友谊，一定不会感到寂寞了。

纪念馆建成后，广泛征集战争时期特别是抗战时期的历史照片和纪念文物。现在在铁军纪念馆中，近千张照片组成了一面非常壮观的“华中人民的长城”图片墙，几十件珍贵文物在橱柜内展示。我当即响应研究会号召，交上了我的一张历史老照片和一件我珍藏多年的文物——战争年代的记事本。

日本投降后，七师奉命从皖江根据地北撤。1945年11月，部队在江苏淮阴休整。15日那天，和几位同志进城时，我照了一张相。这是我参加革命后照的第一张照片。当时，军帽上还缀有青天白日的国民党帽徽。这是因为西安事变后蒋介石接受了中国共产党提出的抗日民族统一战线，红军主力部队和留在南方八省的游击队相继改编为国民革命军第八路军和陆军新编第四军。经过艰苦细致的思想工作，红军战士们才忍痛把红星帽徽摘下来，换上了青天白日的帽徽。

这张照片，还让我想起了七师部队在淮阴机场接受新四军首长检阅时的情景。当时会场场面非常壮观，气氛非常热烈，黑压压的人群，队列整齐地席地而坐，队列前架起各式武器，部队之间互相拉歌，歌声此起彼伏。这是我生平第一次见到这样宏大威武的场面，受到极大的震撼。当时，由张云逸副军长给我们讲的话，大意是欢迎七师胜利北撤，鼓励七师更好地完成今后的战斗任务。2020 年初，我看到一份资料，这次参加受阅的将士约有 3 万余人，出席检阅的首长还有苏皖边区政府主席李一氓。由这张照片还联想到受阅后七师召开的连以上干部会。会场秩序井然，鸦雀无声，聆听饶漱石政委的形势报告和其他首长讲话。会场四周站立着很多手持驳壳枪的警卫战士。这两次活动使我受到了深刻的教育，更加坚定革命的信念，为以后的思想和工作进一步奠定了牢固的基础。

现在存放在铁军纪念馆橱柜内的我的那本记事本，是我参加新四军后不久，一位老同志亲手制作赠予我的，他鼓励我用它好好学习。这个小本子做工很精致，封面是用旧绸布制作的，凹隐出“NOTE”笔记的字样，像一本精装的小书。我在这本记事本上记载了自己的经历。那是 1949 年淮海战役胜利后，部队南进到长江边，回到了皖江老家。当时，毛主席发出号召：“将革命进行到底！”“打过长江去，解放全中国！”“军队向前进，生产长一寸，加强纪律性，革命无不胜！”部队在渡江前，进行了一次整风式的政治学习，部队编成了许多学习小组，个人进行思想、工作、作风等各方面优缺点的总结，并提出今后的努力方向，还开展了批评与自我批评。小组通过个人总结后，每个成员一一签名盖章并上报。我把全文抄录在这个记事本上，小组同志也逐一签名盖章。我想，这次学习应是全军性的，

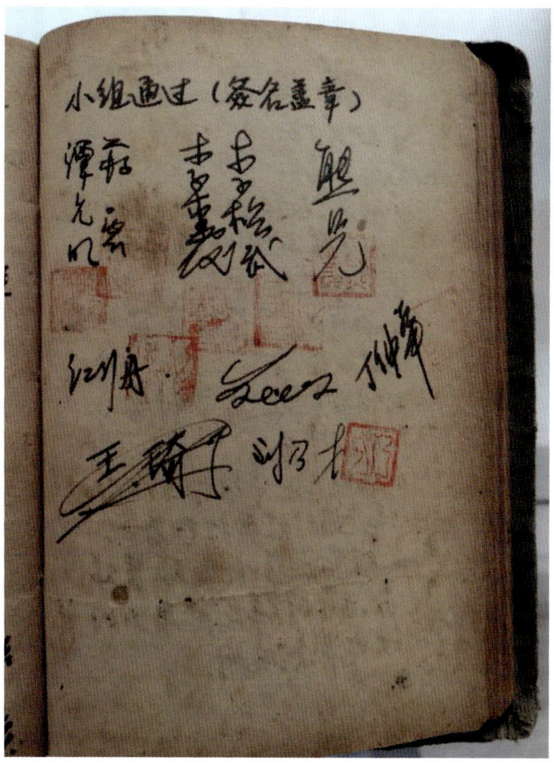

为建立新中国在政治上、组织上、遵纪守法上做准备。我军渡江后，上海解放时，所有解放军将士都露宿街头。我们北京新四军研究会首任会长张铚秀时任师长，全师就露宿在上海最繁华的地区，这种爱护老百姓、不扰民的举动，引起极大的社会震动和非凡影响。

2015 年在国家烈士纪念日的前夕，我参加了北京新四军研究会在铁军纪念园举行的“祭奠抗日英烈暨铁军纪念坛揭幕仪式”活动。陈昊苏会长作报告，然后进行安放仪式，将各分会前往 36 个新四军当年征战地采集来的浸有抗战烈士鲜血的红色热土存放在 36 个特制的青花瓷罐里，安放在纪念坛内，祭奠为国捐躯的新四军将士。这是一次非常有意义的创新活动。会场气氛隆重、庄严、肃穆。会后，我们冒着蒙蒙细雨，参观了陵园和纪念馆。驻足在一幅幅照片、一件件文物前，大家不时交流，重温了新四军的光辉战斗历程，更深地了解了诸多新四军英雄人物和群体的英勇事迹，上了一场鲜活的革命传统教育课，感受颇深。

墓地的花草树木繁茂，棵棵白玉兰长势喜人，片片绿茵点缀着这处爱国主义教育基地的天然美景，而展现在人们面前的一座座墓碑，记载着一位位革命前辈的战斗历程和他们的丰功伟绩，犹如一本本生动的历史教科书，包含着深刻的教育启迪后人的丰富内涵。铁军纪念园将让革命前辈的光荣传统世代相传，让“铁军精神”永久传续，不断发扬光大。其历史作用不可小视。衷心祝愿铁军纪念园越办越好！

丁仲华与女儿参观新四军将士名录墙

告慰战友

赵 征

赵 征在 2015 年铁军纪念坛揭幕仪式上代表新四军老战士发表感言

2015 年 9 月 29 日，在铁军纪念园隆重举行“祭奠抗日英烈暨铁军纪念坛揭幕仪式”，让我代表新四军老战士讲话，我的心情特别激动。

在中国人民抗日战争暨世界反法西斯战争胜利 70 周年之际，作为唯一的新四军女兵，我参加了 9 月 3 日大阅兵。我能活到今天，是幸存者，是千千万万新四军战士的代表之一。此时此刻，站在铁军纪念坛前，我感到我和为了祖国和人民而献身的战友们又在一起了！如果你们能看到今天，该有多好！

在那段烽火连天的岁月里，一大批有理想、有追求的热血青年参加新四军。在中华民族最危急的时候，战友们挺身而出，活跃在抗日前线，舍生忘死，浴血奋战，共同筑起了救亡图存的血肉长城；无论在激情燃烧的社会主义建设时期，还是在改革开放时期，战友们无私奉献、忘我工作，把新四军的意志气魄和精神斗志延续到一生的革命事业中；祖国和人民为有你们这样的英雄儿女而无比骄傲！我们为有你们这样的亲密战友而深感荣耀！

当我看到英模部队方队官兵高举新四军的战旗，昂首挺胸，迈着有力的步伐通过天安门广场时，我的心久久不能平静。从他们身上，我仿佛又看到了新四军将士的身影。看到一排排、一队队我国自行研发制造的新型武器和各种机群，我感到今天的祖国是如此强大，作为一个从战争中走过来的人，从心里感到非常的自豪。

纪念抗日战争胜利 70 周年的大阅兵，激发起民众心中的火种。火种一旦点燃，这个民族就不会堕落，不会被黑暗吞没，不会被侵略者征服。

历史的经验告诫我们，没有民族危亡中实现的民族觉醒，没有全民抗战中结成的民众组织，没有反抗侵略中锤炼的战斗队伍，就没有抗战胜利。今天的新中国，已经消除了半封建、半殖民地的痕迹，已经不是“一盘散沙”的涣散状态，中国已经成为持续、稳定、繁荣、昌盛，能够完成民族救亡与民族复兴双重历史使命的现代民族国家。

经历了战争的人们，更懂得和平的宝贵。实现中华民族伟大复兴，需要一代又一代人为之努力。我们现在的任务就是要用革命的传统教育好下一代，特别是引导年轻人要有爱国爱党的精神信仰，有为人民服务的担当，有更强的责任感，把先烈们的崇高精神继承下去，成为国家的栋梁。中华民族只有万众一心、奋发努力，才能永远自立于世界民族之林。

今天，“铁军精神”正在传承，“铁军精神”将继续光大。我们的后代从我们的家乡和曾经战斗过的地方取来了一捧热土，安放在这里，就是要铭记历史、缅怀先烈、珍爱和平、开创未来。

长眠地下的战友们，你们放心吧！革命自有后来人！

百岁老人、北京市原市长焦若愚向粟裕大将铜像敬献鲜花

黎济明

2014年4月19日上午9时30分许，在细细春雨中，精神矍铄、思维敏捷的百岁老人——北京市原市长焦若愚在有关方面负责同志的陪同下，来到北京市爱国主义教育基地——位于怀柔区九公山的铁军纪念园，参加“铁军纪念园第四届公祭暨植树活动”，并专程在粟裕大将铜像前敬献鲜花。粟裕大将的长子、原北京军区副司令员粟戎生中将，亦在此祭奠。焦老在身边人员的搀扶下，缓缓从轮椅上站起。粟戎生急忙走向前去与焦老握手。焦老说：“清明节时，我就要来这里纪念粟裕大将，今天终于来了。”焦老动情地对周围的人们说：“粟裕同志是解放军的大将，我是专门来看他的。”随后，焦老让工作人员将其精选的两盆鲜花摆放在粟裕铜像前，并在粟戎生和陪同人员的搀扶下，一起向粟裕大将铜像三鞠躬，以表达崇高敬意。在向粟裕大将铜像鞠躬时的那一瞬间，焦老眼睛里满含着泪水，粟戎生也很激动，几位身边的同志都被这一情景感动地流泪了。

我有幸看到了一位有着百岁高龄的革命老人在粟裕大将铜像前所寄托深切思念的情景，也有幸用相机拍摄到了一位有着78年党龄的老共产党员在粟裕大将铜像前所表达崇高敬意的画面。

我想说，这是令人难忘的情景。她感人肺腑，让你在拍照时手指不得不抖动；她催人泪下，让你在拍照时眼睛不得不模糊；她暖人心腑，让你在拍照时情绪不得不激动。

我要说，这是唯有在北京的铁军纪念园里才会呈现的情景，亦是一幅不会再有重复的画面。

我敢说，即使是远在天堂里的粟裕大将和新四军将士们看到这一画面和情景，也都会为之动容。

左起：邵和东、李汝森、粟戎生、焦若愚等凭吊粟裕大将

父亲徐趋参加铁军纪念园纪念活动纪实

徐训古

2013 年 7 月 1 日，为纪念中国共产党建党 92 周年，北京新四军研究会在九公山铁军纪念园举行隆重的纪念活动，父亲欣然接受了邀请。活动的前几天，他就忙着做好各种准备，让我翻箱倒柜地找出他平日舍不得穿的衣服，并把珍藏在箱底的相册找出来，将一张张发黄的老照片摆放在桌上，如数家珍般地向我讲述每张照片的来历，还不停地念叨着："这些都是真实的历史纪念啊，可不能丢了呦！"我惊奇地看着父亲的这些老照片，有些我小时见过，更多的是我从没有见过的。从这些泛黄的老照片中，我仿佛看到了父亲的戎马战斗生涯。

我已年过花甲，也早已双鬓染白，此时才开始重新认识自己的父亲，不能不说百感交集，也更加感受到父亲对自己革命人生的珍视。于是，我决定陪伴父亲一起参加纪念活动。

那天清晨，88 岁的父亲起得很早，临出门前又对着镜子，一丝不苟地整理服装、发型，然后满意地拄着拐杖，"腾、腾、腾"地自己下楼了。在坐着孙女驾驶的汽车前往九公山铁军纪念园的路上，当车内播放电影《柳堡的故事》插曲"九九艳阳天"时，父亲听到家乡悠扬的曲调，竟跟着哼唱起来。看着父亲高兴的样子，我突然觉得身边的父亲似乎变得有些陌生起来。这一感觉促使我想要了解他，便一路与他攀谈起来。父亲饶有兴致地向我讲述当年参加新四军的经历。父亲的思路是那样清晰，诉说是那样有条理，

抗日战争战斗在苏中二分区抗日根据地的新四军老战士已 88 岁高龄徐趋（右）

徐趋携祖孙三代参加活动右为作者

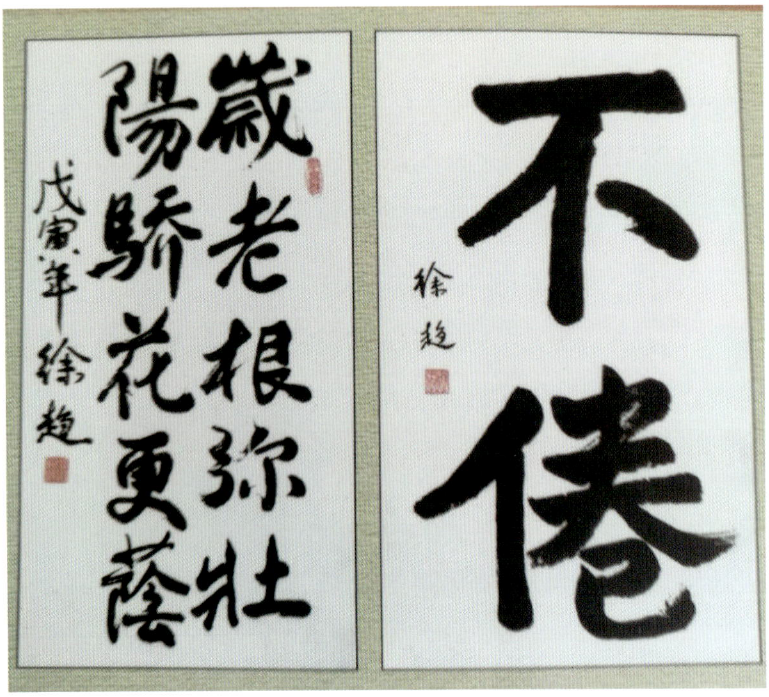

他的脸庞显露出发自心底的骄傲与自豪。我也感到无上的荣光。当他讲完一段后，又随着音乐哼唱几声。这时，我们便停止交谈，静静地倾听父亲的吟唱。那是多么温馨的画面，多么令人难忘的记忆。

纪念大会在大雨中开始。年届 99 岁高龄的北京市原市长焦若愚，北京新四军研究会会长陈昊苏，副会长邓淮生、乔泰阳、任全胜、刘华苏，刘少奇之女刘爱琴和新四军老战士代表都坐在露天的主席台上。

雨越下越大，瞬间形成雨雾。我问父亲，是否暂时离开会场避避雨。父亲坚定地回答："不用，这么多老同志都没走嘛！"雨水顺着他的额头流到脸颊，眼镜模糊不清了，执拗的父亲傲然不动地坐着。

大雨哗哗地下着，台上台下，老人，年轻人，打伞的，披雨衣的，几百人在雨中站立着，高声颂唱《新四军军歌》，激越的歌声伴随着雨声回响在山间。人们在雨中见证大学生新党员面对党旗庄严宣誓，铿锵有力的誓词在山谷中回荡。父亲也激动地拄着拐杖站立在雨中，我的心不禁怦然而动：父亲身上那股子军人气质，他那坚忍不拔的意志品质，正是来自于这支光荣的部队。如今，经历战争洗礼的铁军部队依然遍布祖国的大江南北，"铁军精神"依旧在传承着，早已深入新四军将士们的第二代、第三代的骨髓中！

会议结束后，父亲坚持拾级而上，看望安葬在山坡上的母亲和他的老战友们，为他们献上一束束鲜花。

雨停了，不知疲倦的父亲又坚持走进铁军纪念馆，精神专注地观看新四军军史展览，并在留言簿上写下："掌上千秋史，胸中百万兵"的豪迈留言。

目睹那情那景，我感觉年迈的父亲俨然就是一棵巍然伫立于山峰的不老青松。他的革命精神将永远激励着我们奋勇前行。我为有这样的父亲而感到无比的骄傲，无上的荣光！

父亲的选择

张朝停

随着父母亲一天天变老，关于他们的身后之事，就不可避免地提上了家庭的议事日程。

我父亲张则扬，祖籍扬州，1938 年参加革命，是新四军老战士。他是一个彻底的唯物主义者，多次表示过身后骨灰撒海树葬即可。事情在 2012 年发生了变化。此时得知，北京新四军研究会和九公山长城纪念林有限公司合作创建了九公山铁军纪念园，作为在北京工作的数千名新四军老战士百年之后的安息之地，同时也已建成革命传统教育基地。经我们动员，父亲同意去参观一下。

从北京市区驱车一个多小时，我们到达了九公山铁军纪念园。沿途山花烂漫，景色宜人。

进入铁军纪念园，首先映入眼帘的是新四军战士英武的骑马雕像。我们陪着父亲拾级而上，他一一仔细观看了新四军军歌碑石，瞻仰了陈毅、粟裕等新四军将领的雕像。

在红军标准墓地的第一排，父亲停住了脚步，告诉我们：这是我的老政委，他叫王善甫，是老红军。他久久地凝视着墓碑，仿佛在行注目礼，我们赶紧趁热打铁说，以后，老战友们在一起多好啊，父亲点头同意了。这分明是又一次归队啊。

记得那天是 2012 年 4 月 16 日，深山里的春色来得迟，玉兰含苞正是最美的时节。我们选择了“自选墓地”，希望能够永远陪伴着父母，全家人还会团聚。

感谢北京新四军研究会铁军纪念园工委会和九公山长城纪念林有限公司的辛勤努力，纪念园的环境一年比一年美，影响力与日俱增，纪念馆里的革命文物史料越来越丰富完善。当年创建纪念园的美好初衷逐步实现，“铁军精神”将与青山同在。

张朝停（右）

青山埋忠骨，红陵践传承

陆 艺

北京怀柔九公山，一条占地 300 亩的沟壑格外瞩目——因着是众多新四军老战士的最终归宿地而与众不同。这就是北京新四军研究会和九公山长城纪念林合作建设的铁军纪念园。

经 10 多年的建设，铁军纪念园现已成为北京市爱国主义教育基地。每年北京新四军研究会都会在此举行公祭活动，以纪念那些为国捐躯的新四军先烈和为共产主义事业奋斗一生的新四军老前辈。

依龙脉、邻长城的铁军纪念园，不仅周围青峦叠翠，更有园中情景满目。

新四军，本是由南方八省的优秀儿女组成的抗日军队。因其英勇善战、作风过硬、意志顽强、执纪如铁，被称为“铁军”。多年的浴血奋战，许多新四军老战士离别家乡，跟随部队转战南北。新中国成立后，数千位新四军老战士来到了北京，并最终留在了北京。在有九公山铁军纪念园之前，北京的新四军老战士仙逝之后都是各葬一隅。铁军纪念园的建成，为北京的新四军老战士提供了一处统一的理想的安息之地。

以我们家族来说，我父陆锦荣、二舅唐炎、三舅唐本，都离开江浙家乡在北京工作生活了几十年，并最终在京离休。他们三人同是 1938 年参加新四军，都是自参军那天起，就再没离开过部队。他们参军时都还年少，我父不到 14 岁、二舅 16 岁、三舅才 11 岁，是新四军培养他们成长，使他们从只有简单打鬼子想法的少年，变成了信念坚定、意志顽强、工作出色的战士。新四军的从军经历，为他们日后的奋斗历程打下了坚实的基础。三人在不同岗位虽都历经磨难，九死一生，遭受过冤屈，但他们对党的忠诚一分未减，对军队的热爱一毫未变，对自身的修养一刻未停。在铁军纪念园建设之初，三家经商量，一致在纪念园买了墓地。百年之后，能在铁军纪念园安息，与当年浴血奋战的战友们齐聚天堂，他们心满意足。

铁军纪念园的兴建，不仅为北京的新四军老战士提供了理想的安息之所，更有着深远的红色宣传作用。虽说规模不大，却从小了说是留存了一个个铁军家族的血脉印迹，大到弘扬了中华民族的信念坚守和奋斗传承。作为北京新四军研究会的会员，作为铁军的后代，我们一直秉承一种坚守，就是有责任和义务让子孙后代都知道、了解并记住，在国家民族遭外强侵辱的困苦年代、危难关头，无数挺身而出、不畏牺牲、英勇奋战，用热血和生命与敌人抗争，誓死保家卫国的英雄儿女中，有这样一支队伍，叫新—四—军！如今，虽然国泰民安，我们衣食无忧，但列强亡我之心不死，没有硝烟的战争一刻未停，我们不可有丝毫懈怠之心，更不能贪图安逸，不思进取。我们中华民族绝不能再任人宰割，绝不可再遭外强奴役。我们要不忘初心，要继续努力奋斗，要在党的领导下，把国家建设得更加繁荣强大！

铁军纪念园的建设，从始至今凝聚着研究会兄弟姐妹的心血，从创意提出到资金筹集，从方案拟定到修改实施，都融入了众多兄弟姐妹的辛勤付出。从最初裸露的荒沟开

陆 艺的父亲陆锦荣、母亲唐洁 2012 年在参加老首长粟裕大将铜像揭幕仪式

工开始，我们见证了它从无到有从简到全的过程，加之它已是或将是我们父辈和我们自己的最终归宿，故对它的一石一草，我们都倾注了一种特殊情感。

整座纪念园的建设，呈拾阶而上之势。入口处，矗立着刻有“铁军纪念园”五个金色大字的门石，让人肃然起敬；另一侧的壁石上刻着新四军军歌，熟悉的词曲令人激情澎湃。两块巨石如一对守卫纪念园的新四军战士。看他们，挺立在青山翠柏之间，从容于风走云飘之变；身上带着风干的血渍，不言而威武，不诉而悲壮。

一尊新四军战士扬刀跃马的青铜雕像赫然入目。雕像动感十足，英武逼人，豪气冲天。它是当年英勇杀敌的新四军将士的真实写照，也是“铁军精神”的一种具象。正如底座那八个大字所言：“铁军精神，永放光芒”！

雕像后面的流线型建筑是铁军纪念馆。它外墙弯曲的线条，如潮推、似浪涌，仿佛抗日的新四军队伍，浪潮汹涌般前赴后继、奋勇向前。纪念馆里满是新四军抗战的各种图片、资料及文物，都是一篇篇、一页页、一个个真实的记录，里面有我的家族前辈和他们的首长、战友，其中很多人都没能看到新中国成立。这个纪念馆是很好的爱国主义教育之所，更是绝佳的“铁军精神”宣传教育之地。

纪念馆北侧，便是新四军将士名录墙。高高长长的黑色墙面，被小小的金色人名填满，密密麻麻。每当我站到名录墙下，看着那一个个姓名，眼前就会浮现出奔向抗日战场杀敌前线的一张张英勇的面孔，耳畔就会响起新四军军歌里“八省健儿汇成一道抗日的铁流，东进东进，我们是铁的新四军”的歌词。乌黑的墙面，仿佛是千百万新四军将士们黑压压地立在面前。墙上一个个金色的名字，是一条条闪光而幸运的生命，他们看到了新中国的成立，他们只是新四军将士的代表，而衬托他们的乌黑墙面，是更多的牺牲在抗日战场上的留下或没有留下姓名的新四军将士！是他们铸就了“铁军精神”，他们也必将永远与铁军英名和“铁军精神”同在！

写到这里，我要郑重地大书一笔。这面墙上镌刻着我的7位家人：父亲陆锦荣、大舅唐向青、姨妈唐清、二舅唐炎、二舅母盛林、三舅唐本、五舅唐棣。我家族中曾在新四军开办的学校教书的大舅母徐静、新四军老战士姨父钟浩和10岁参加了新四军、反“扫荡”时因年龄太小被送回家的母亲唐洁，尚未在名录墙之上。除了直接参加新四军的家人，还有经营山货店、为地下党和新四军筹集资金的姥姥邓小奶、四舅唐钰。我要骄傲地说，我的父辈一家人都是新四军！北京新四军研究会中，有很多像我家这样，兄弟、姐妹、夫妻同是新四军的家庭！

纪念馆后面有新四军将领的浮雕像：叶挺、项英、陈毅、刘少奇。

再往上走就是墓区了。两旁山坡上是自选区，中间是标准区。标准区的墓碑整齐排列，如待发出征的队伍。96岁高龄的老爸如今仍会挥拳明志，声称侵略者胆敢再来，他还要重返杀敌的战场！对一个新四军老战士来说，这不是戏言！相信，这也是纪念园内外所有新四军老战士的壮志！一块块墓碑，一个个忠魂，唯有我们的祖国繁荣强盛，这些忠魂才得以长眠安息！后辈当努力！

墓区再往上，就到了高处平台，汉白玉的墙上镌刻着有毛主席语录和叶挺、陈毅的诗。这里有一尊粟裕大将的雕像。粟裕大将，是新四军的优秀将领，是战神，他深受新四军指战员的爱戴。老爸对粟老总有着很深的感情。老爸和三舅唐本都曾在粟老总身边从事机要工作多年，那正是他们青少年时期世界观形成的重要阶段。有幸的是，他们二人不仅在工作、生活上与粟老总等优秀新四军将领有许多接触，更是在做人做事诸方面深受粟老总影响。老爸来过纪念园多次。每次来，他都执意要登到这高处，来看他的粟司令。每次都会老泪纵横地向粟老总述说他的思念和缅怀。

如今，我的三舅唐本和二舅母盛林，已在这里和他们的新四军战友们重聚。玉兰静伴，翠柏默守，愿他们安息！

青山埋忠骨，红陵践传承。愿新四军老战士们在铁军纪念园安息，在青山翠柏中永生！愿这座红色的陵园，为践行传承“铁军精神”不断作出更大贡献！

铁军纪念园十年随笔

李湘滨

铁军纪念园建园已 10 年了，看到纪念园发展到今天这样的规模，我心里很是欣慰。毕竟，我们为新四军老同志们做了一件很有意义且实实在在的事情。

当年我曾想，随着岁月的流逝，我们的父辈大都相继作古。健在的老同志也都年届耄耋，步履蹒跚，疾病缠身。身为晚辈，我们除了学习他们的优秀品质，继承他们的奉献牺牲精神外，还能为他们做些什么呢？

古人云，叶落归根，入土为安。许多老前辈尽管在八宝山革命公墓有一席之地，但不管是在室内还是室外，骨灰盒都是放在架子上或是嵌在墙上的格子里。还因为一些限制，夫妻不能一同安葬在八宝山革命公墓内。所以，为老人们寻找一处栖身之地，便成了许多二代会员的共同心声与愿望。

一师分会的会员们欲在怀柔九公山筹建新四军陵园的消息，引起了大家的广泛关注。作为积极拥护和支持者，我们一干人在管新凯大哥的带领下。先后几次进行实地考察，多次召开会议论证此事的可行性，反复商讨实施方案，拟定规划，就施工、墓地规格、价格、墓碑款式，以及管理方式等有关问题进行了反复讨论。特别是敢于打破官本位的束缚，即不论老同志们职务的高低，级别的差异，参加革命时间的早晚，都应一视同仁。统一墓地，统一墓碑，统一布局，不要在他们去世后还人为地划分三六九等。这种理念得到了发起者的一致认同。回想起铁军纪念园在这 10 年里，能有今天这样的发展和较高的知名度，我想，这恐怕与取消官本位，实行官兵一致，“三个统一”不无关系吧。

老人们为新中国的成立和建设事业奋斗了一生，他们没有更多的奢望，只是他们临终的嘱托：“不要忘记我们”的话语时时会在耳边响起。我们知道：我们的国家任何时候都不能没有英雄，不能没有楷模，不能没有信仰与追求。我们的父辈——新四军老战士们，他们是新中国的开创者，是社会主义建设事业的栋梁。我们绝不能忘记他们为解放中国劳苦大众的初心，不能忘记他们全心全意为人民服务的宗旨。我们一年一度在铁军纪念园开展的纪念活动，不但是一种从心底里对革命前辈的追思与缅怀，更重要的是在思想上牢固树立对“铁军精神”的传承与弘扬。

在纪念园施工过程中，我们曾多次亲临施工现场。目睹那一排排松墙中，一块块深红色的墓碑，整齐划一地竖在那里。我感到仿佛是一位位老战士的头像，俯视着他们流血牺牲打下来的江山，又像是一张张满意的笑脸，惬意地与祖国的大好河山同在。

纪念园已走过 10 年的风雨历程，当时的筹备组经历了有人举报、上级检查、变通应对、据理力争、疏理调整等一系列的挫折和磨难。最终在各级领导的关怀支持下，在大家的拼搏努力下，才有了铁军纪念园今日的壮观，且我们有理由相信，铁军纪念园前景远大，会越办越好。

回想几次公祭活动的情景，我

左：李湘滨

记忆犹新。因为到了公祭日那天，我清晨5点多就从家中出发，到约定地点带上车，会同邀请来的北京阳光军乐团演奏员们一起到纪念园参加公祭活动。他们身着洁白整齐的演出服、胸前飘着金黄色的穗带，用一件件精美的乐器，演奏出雄壮威武的《新四军军歌》，婉约悲壮的《献花曲》，清脆的小号划破了寂静的山谷，浑厚的圆号飘荡在绿色的山林间，给公祭活动现场带来视觉和听觉的猛烈撞击。平添了一份庄严、凝重而又肃穆的气氛，使每一位身临其境的人产生震撼和共鸣。尤其是当人们在低垂哀婉的乐曲中，手持黄白菊花，迈着坚实而沉重的脚步，拾阶而上，向英烈献花时，心灵得到了净化，思想得到了升华。每一次都是一堂生动的心灵洗礼。

军乐团的演奏员们在公祭活动现场气氛的感染下，他们认真演奏每一首曲目，不停顿地将所有曲子一气呵成演奏完毕，坚持到活动的最后。他们的精神也深深地感染了所有在场的人们。军乐团的同志们深有感触地对我说，“这是我们演奏时间最长、最劳累的一天，也是我们参加的最有意义的活动。”

我常想，新中国成立70多年了，至今还有多少年轻人记得叶挺、陈毅、粟裕的名字，知晓这些伟人的功勋业绩？还有多少人知道皖南事变、七战七捷、孟良崮战役？今天，坚守这块传承和弘扬革命前辈光荣传统的爱国主义教育阵地，是我们这些新四军后代的历史责任和神圣使命。

我们就是要向现在的年轻人宣传革命历史，发扬光荣传统，让红色基因代代相传，让年轻的后代真正从内心深处不忘这些打江山、建江山的功臣，从更高层次中诠释不要忘记历史的真切含义。

我每次登上铁军纪念园的高处，俯瞰苍翠绿树掩映下的点点红色墓碑，“风展红旗如画”的意境油然而生，眼前不时浮现出战争年代枪林弹雨的画面，耳边时时会响起震耳欲聋的厮杀声。正是我们的父辈，他们那一代人，为了民族的独立和解放，为了新中国的建设，出生入死，付出了巨大的牺牲。我伫立在他们身边，思绪翩跹，突然觉得他们并没有走远，离我们这么近，这么近……我想，我们每个人都应该扪心自问，我们应该怎样不辜负他们的期望，不辜负人生的梦想。

东进，东进，我们是铁的新四军！那铿锵有力的歌声随风荡漾在我的耳畔……

铁军纪念园感怀

黄寒冰

上阙

粟裕大将铜像铁军纪念园安放揭幕典礼

九公山上重聚首，万世英名佑民安。

齐赞功高冠今古，永存雄姿镇河山。

中阙

参加铁军纪念园祭扫活动有感

（一）

九公山中亦有花，一朵更比一朵红。

山川锦绣如此美，都是先烈血染成。

（二）

忧思难忘慨而慷，胸中倒海翻江。

情怀耿耿，后代儿郎，清明更增悲怆。

怅流光，八千里路，今日回首，心事浩茫。

（三）

哀声震耳际，泪水湿青山。

拨雾望神州，回首忆江南。

十年征战史，千秋不朽篇。

军旗红猎猎，干戈舞翩翩。

万古英雄气，梦里斩楼兰。

形影常来梦，生死别经年。

洒扫英灵慰，祭奠毅魄安。

九歌恸天地，捷报化为钱。

下阙

拜谒铁军纪念园新四军将士名录墙

（一）

一生唯有革命，千秋奋斗大同。

业未终乃目不瞑，示儿一片心重。

继业自有后人，遗志牢记心中。

理想信念来时路，何日能慰忠魂？

（二）

血染江南碧，刺刀挑倭魂。

涟水战未死，渡江突击营。

东征援朝鲜，凯旋天安门。

百年身先去，儿孙永伤情。

十年有感

牛德军

每一次站在战士雕像的面前，
每一回凝望那一张张的照片，
情不禁的肃立敬然，
止不住的激动万千。
啊！
我们的父辈祖先，
人民的功臣模范，
我们又一次相见，
是否打搅了您的梦甜？

十年前的昨天，
这里是杂草丛生的沟坎石盘，
道不尽的困境艰难，
时不时的热嘲冷言。
面对重重的难关，
更激起我们气勇志坚，
越是难险越向前，
实现父辈的心愿。
十年间的努力奋战，
十年间的刻苦磨剑，
如今耸立起了北国唯一的铁军纪念园，
更成为北京爱国主义教育基地的景点。
一年一度的红色祭奠，
那是我们永恒的怀念，
军歌在这里响彻云天，
这就是我们传承“铁军精神”的圣殿。
我仿佛听见，
你们当年共赴沙场的冲锋呐喊；
我好像看见，
你们今朝相聚一堂的笑语欢颜。

战地热土交接仪式准备工作会上牛德军发言

安息吧！

我们的父辈祖先。

长城巍巍，

呵护着你们英魂平安，

松柏涛涛，

环绕着你们英灵相伴。

我们时刻牢记共同的誓言，

坚定信念永远不变，

接过你们的战旗高展，

奔向我们共同奋斗的明天！

一次特殊时期的公祭

戈继军

2020 年春，突如其来的新冠疫情爆发。尤其是北京疫情的突发，使当年的公祭活动平添变数。2020 年正逢铁军纪念园建园 10 周年，如期举行公祭尤为重要。为此，我们一方面密切关注疫情的状况，一方面积极与九公山公司沟通。随着北京疫情防控取得明显成效，我们遂达成共识，决定仍然按期于 9 月举办公祭活动，并万无一失地做好防疫措施，相对缩小规模，力保活动成功。后报经怀柔区有关部门同意，如期举办了公祭活动。

安全第一是此次活动的重中之重，把握细节是活动成功的有力保障。总会张晓龙会长十分重视此次活动，明确指示："活动成败的关键是政治安全、行政安全及人身财产安全，须吸取教训，总结经验，十分注重和把握细节，全体工作人员务必充分注意这一点。" 9 月 14 日，工委会几位负责同志上山与九公山公司商讨确定活动时间、工作流程、现场布置、车辆安排、人员分工及对接等具体事务。由于九公山公司接到上级任务，礼兵外调，工作人员紧张，原定的大巴车防疫员无法到位。21 日，工委会召开公祭活动专题工作会议，并特

邀九公山公司活动负责人梅之馨经理参加。大家群策群力：确定防疫措施（登记、测温、验卡、口罩、人距等），重点强调通告每一个参会人员；落实了大巴车防疫员名单，由工委会指定车长兼任防疫员，完成乘坐大车人员疫检工作；落实了防疫工作流程，大巴车（口罩—测温—验卡—各分会提前录入身份证信息—贴标—上车—核对—发车—交表—放行），自驾车（测温—验卡—各分会提前录入登记—核对—交表—放行）；落实了参会人员名单和车辆的登记，确定了人员分工及责任；请合唱团四位男同志担任礼兵任务。期间，活动负责人戈继军始终保持与九公山梅之馨经理联系，随时互通情况，处理突发事宜。25日，张晓龙会长同工委会人员提前上山，亲临现场，检查落实各项筹备工作，同九公山公司的工作人员一起布置会场、预演流程、修正方案。26日7:30，礼兵到位，完成预练；8:00，活动工作人员全部到位；8:30，人员（近300人）、车辆（大6小16）陆续进场；10:00，活动正式开始。公祭活动的各项程序顺利完成，取得圆满成功，得到了一致好评。

此次活动的圆满成功，离不开每一个工作人员的辛勤付出。陈南鸥在各分会联络人认真统计上报的基础上，收集整理、反复核对参会人员的车辆信息，分类制表，做到人、车数据清晰明了；马长征、张小新、梁海莲、李湘滨、张朝停、赵方诸同志，既是

大车车长，又是大车防疫员，不辞辛苦，严格按防疫工作流程办事，保证全车人员的安全；牛德军在进园区的门口负责与公司保安协调，监管防疫检查和车辆放行，做到不遗漏一车一人；虽然此次活动车辆数量相对减少，但因园区内多处施工影响了车辆的停放。孙维国、周煦明等严谨认真，合理调度，保障了车辆的安全畅通；孙晓华既是共建单位联络员，又是现场指挥，胆大心细，勇于负责；许朝奉积极联系中国传媒大学动画学院师生参加活动，并增加了共建挂牌仪式；李晓帆认真细致地做好向铁军纪念馆捐赠珍贵历史文物的工作，并代表工委会在活动现场作了“礼赞铁军纪念园开园十年”的发言，表达了我们这个战斗集体全体人员的心声；邵宁东、邵平东承担媒体联络员重任，圆满完成传媒联络、采访、上网任务，活动报道在28日北京电视台晚间新闻播出；负责摄影的张文勤、任海京、章兰云、张翔，不仅出色完成摄影任务，还按时挑选图片发给工委会负责人；特别是合唱团的王安勇、许军、赵志勤、赵培4位同志，初次担任重要的礼兵工作，身着笔挺的军礼服，一早就上岗预练，整个活动中英姿挺拔，出色地完成敬献花篮任务，受到与会人员的热情赞扬。

9月26日的公祭活动，秩序井然，平安顺利，没有出现任何问题，取得圆满成功。新闻媒体的宣传报道也很给力，影响广泛，得到社会各界的赞誉。为此，我们深感欣慰，也更增强了继续努力办好铁军纪念园的决心和信心。

英姿飒爽 来自新四军老战士合唱团的四位礼兵（左起：许军、赵培、王安勇、赵志勤）

追忆
——纪念活动盛况
(2010年-2020年纪念活动)

2010年7月12日 铁军纪念园开园仪式

北京新四军研究会和北京九公山长城纪念林有限公司主办的“铁军纪念园开园仪式”在北京市怀柔区渤海镇九公山隆重举行。出席开园仪式的领导同志有焦若愚、吴达祁、粟戎生、乔晓阳、李捷等；新四军军首长子女陈小鲁、刘爱琴等，还有中共北京市委党史研究室、怀柔区和渤海镇人民政府、延安精神研究会、中国新四军研究会、八路军和山东根据地研究会、湖北新四军研究会、盐城新四军研究会、巢湖新四军研究会、中共扬州市委党史办公室、新四军黄桥战役纪念馆、茅山新四军纪念馆等单位的代表。中共安徽省委党史研究室、上海新四军研究会、扬州新四军研究会等单位发来贺电、贺信。

焦若愚、陈昊苏、肖正凯等在开园仪式上讲话。

人民日报、解放军报、中国青年报、北京青年报、法制报、北京电视台、千龙网等多家媒体相继报道了铁军纪念园开园仪式。

山上埋忠骨
烈士陵园
军精神
放光芒

接待组在工作

新四军浙东纵队老战士唐炎为纪念园泼豪书写

陈昊苏、焦若愚携手共同为铁军纪念园揭幕

左起：乔晓阳、沈为刚、粟戎生、胡木英

管新凯主持开园仪式

戈继军代表新四军后代发言

陈昊苏会长致辞

少先队员向革命先烈献花

2011年4月16日祭奠革命先辈英灵，弘扬“铁军精神”暨植树活动

北京新四军研究会和北京九公山长城纪念林有限公司主办的“祭奠革命先辈英灵，弘扬‘铁军精神’暨植树活动”在铁军纪念园举行。北京新四军研究会、八路军和山东根据地研究会和中国传媒大学300多人参加了公祭活动。活动中举行了中国传媒大学在铁军纪念园建立爱国主义教育基地挂牌仪式。全体人员热情高涨地参加了植树活动，并纷纷捐款，以义务植树的形式祭奠英灵、绿化园区，寄托新四军后代对先辈的追思和悼念。

北京电视台、千龙网、国防网等多家媒体相继报道。

鐵軍精神
放光芒

邓淮生副会长主持公祭活动

焦润坤代表新四军老战士发言

怀柔区民政局刘国利局长接受采访

九公山公司总经理邵和东讲话

2012年4月21日共建爱国主义教育基地挂牌暨铁军纪念馆奠基仪式

北京新四军研究会和北京九公山长城纪念林有限公司主办的“共建爱国主义教育基地挂牌暨铁军纪念馆奠基仪式”在铁军纪念园举行。数百名新四军老战士、新四军后代、怀柔区有关部门领导和中国传媒大学、北京师范大学、北京航空航天大学的师生，冒着蒙蒙细雨，聚集在铁军纪念园，祭奠革命先烈，为铁军纪念馆奠基。

铁军纪念园自2010年建成后，已被怀柔区、中国传媒大学等多家单位列为爱国主义教育基地。此次活动中，北京航空航天大学和北京师范大学又将爱国主义教育基地的标牌挂在了这里。师生们表示，将充分利用教育基地这一宝贵资源，对青年学生进行世界观、人生观、价值观教育，充分利用基地这一活的教材，引导青年学生缅怀先烈，不忘过去，发扬“铁军精神”，勤奋学习，勇于实践，全面发展，成为有理想、有道德、有文化、有纪律的中国特色社会主义的接班人和建设者。

千龙网当晚作了报道，北京电视台于4月25日在《北京您早》节目中播出了视频新闻。

北京电视台、千龙网、国防网等多家媒体相继报道。

北京分行

左起：乔泰阳、邓淮生、曾妙南、学生代表、杨共乐

2012年9月22日粟裕大将纪念碑揭幕仪式暨粟裕大将诞辰105周年纪念会

大将宏愿付青山　丰碑永在人心间
——粟裕大将纪念碑揭幕仪式暨粟裕大将诞辰 105 周年纪念会侧记

陆　艺　吴苏宁

在党的十八大即将召开之际，我们迎来了新四军成立 75 周年暨粟裕大将诞辰 105 周年，为了缅怀和纪念久经考验的共产主义战士、无产阶级革命家、杰出的军事家、战略家、党和军队的优秀领导人粟裕大将，在北京新四军研究会的关心下，铁军纪念园筹委会经过精心筹划、设计、制作、施工，新四军后代胡曙明捐款十几万元，完成了粟裕大将纪念碑的建造。2012 年 9 月 22 日，北京新四军研究会在怀柔九公山铁军纪念园隆重举行粟裕大将纪念碑揭幕仪式。

今年 8 月，铁军纪念园被批准为北京市爱国主义教育基地。粟裕大将纪念碑的落成，为铁军纪念园增添了重要内容。在铁军纪念园为粟裕大将竖立纪念碑，是新四军老战士和他们的后代共同的心愿。这座碑不仅是为了纪念粟裕老首长，也是为了纪念那些为了中国革命事业的胜利而牺牲了的先烈们，纪念为建设新中国而奉献了自己一生的新四军老同志。

在激昂的《新四军军歌》声中，北京新四军研究会常务副会长邓淮生和粟裕之子粟戎生将军，共同为粟裕大将纪念碑揭幕。

纪念碑由粟裕大将青铜浮雕像和基座组成，总高 2.26 米。基座正面刻有党徽、军徽，“粟裕”和生卒日期；基座前方的卧碑上刻有粟裕大将的诗作《抒怀》：半世生涯戎马间，一生系得几危安。沙场百战谈笑过，际遇数番历辛艰。松苍敢向云争立，草劲何惧疾风寒。生死沉浮寻常事，乐将宏愿付青山。诗文由刘伯承元帅之子、总装备部科技委委员、中国书画院副院长刘蒙将军书写。

当塑有粟裕半身铜像的纪念碑出现在人们面前时，大家怀着对粟裕大将的深切缅怀和崇敬之情向纪念碑三鞠躬，敬上手中的鲜花。

在纪念碑揭幕仪式之后，举行了粟裕大将诞辰 105 周年纪念会。新四军老战士代表、粟裕大将身边工作人员代表、新四军后代代表、一师苏中分会代表和粟裕大将亲属等先后发言。 年逾九旬的恽前程同志，是当年粟司令麾下的作战参谋；鞠开同志曾在战争年代担任粟裕同志的秘书。他们代表粟裕身边工作人员发言，讲述老首长的故事，缅怀对老首长的敬意。

刘晓星作为新四军后代的代表发言，她深情地说：“粟司令员一贯关怀失去亲人的家庭，始终保持着战争年代生死与共的阶级情感。他的崇高品德，使许多同志深为感动和敬佩。”

一师苏中分会名誉会长管新凯在代表分会的发言中深情地说，我们的粟师长在生命的最后阶段嘱咐家人，身后将骨灰撒在当年战斗过的地方，和昔日的战友长眠在一道。粟师长的心永远与共同浴血奋战的战友和老区人民紧紧相连。粟师长的骨灰撒放在鲁、苏、沪、闽、浙、赣等故战场和根据地，共 20 处。现在，在首都北京，在巍峨的长城脚下，在苍翠的松柏丛中，在铁军纪念园内，终于建立起了敬爱的老师长的纪念碑。这无疑将赋予铁军纪念园这一爱国主义教育基地更多光彩，增添了宝贵的红色资源。粟裕大将纪念碑永远耸立在人们心中！

粟裕之子粟戎生将军代表亲属发言。他说，纪念碑上镌刻的《抒怀》诗，是父亲人生的高度概括，表达了对人生从容坚定的态度，抒发了博大高远的革命情怀，乐意将为祖国为人民的宏愿付与巍巍青山。

粟裕大将家乡——湖南省会同县的代表和新四军一师师部所在地——江苏省东台市的代表相继发言。他们共同赞颂粟裕大将的历史功绩和崇高品德，表达了

右起：粟戎生、邓淮生为粟裕铜像揭幕

捐款人胡曙明在粟裕铜像前

加快建设老区的决心。

北京新四军研究会常务副会长邓淮生做了总结发言：纵观粟裕大将的一生，他的丰功伟绩、指挥艺术、战略思想，都是建立在“创新”两个字上的。我们纪念粟裕大将，突出的一点，就是要学习、继承、发扬他的创新精神。新四军研究会的工作也要创新，才能永葆研究会的活力和生命力。

参加纪念活动的有中共北京市委有关部门、怀柔区有关单位、部分高等院校的领导，北京新四军研究会老战士和后代会员，专程来京的湖南、江苏、山西、广西等地的代表，共约 200 人。

纪念活动在嘹亮的《中华人民共和国国歌》声中圆满结束。

2013年4月20日 第三届铁军纪念园公祭暨植树活动

张文勤　吴苏宁

在北京市怀柔区巍峨的长城脚下、山花烂漫的山谷之间，九公山铁军纪念园“第三届公祭暨植树活动”正在隆重地举行。这次活动由北京新四军研究会主办。来自北京新四军研究会各个分会的新四军老战士和后代会员、新四军将士的亲属以及北京市各界代表300多人聚集在这里，怀着无限敬仰和怀念之情参加了这个公祭植树活动，共同悼念为中国革命、新中国发展建设作出卓越贡献的革命前辈！

参加公祭活动有北京新四军研究会副会长任全胜、刘华苏，并有几十位新四军老同志和八路军代表。来宾还有中共北京市委党史研究室科技处黄迎风副处长、北京社会福利促进会李汝森秘书长、北京师范大学和北京航空航天大学师生代表。粟

裕大将之子原北京军区副司令粟戎生中将，新四军政委刘少奇女儿刘爱琴，军长陈毅女儿陈珊珊等新四军后代和北京新四军研究会会员们。到场的媒体有中央电视台、千龙网等。

北京新四军研究会常务副会长邓淮生主持公祭活动仪式。

仪式开始，几代人同声高唱《新四军军歌》，深沉激昂的歌声在山谷中回荡，抑扬顿挫的节奏引发了群山大地的共鸣，一直鼓舞新四军将士们的军歌旋律慰藉着安息在铁军园的英灵。

全体参加活动者严肃庄重的在铁军战士塑像前向故去的新四军将士默哀，以三鞠躬表达对他们的崇敬和怀念。

北京新四军研究会副会长兼秘书长乔泰阳首先致辞："在建党 92 周年、新四军建军 76 周年、新中国建国 64 周年之际，我们中国共产党的忠诚党员、新四军老战士和后代、新中国培养成长的有识之士，集中在北京怀柔的九公山铁军纪念园举行祭奠仪式，缅怀在抗日战争和解放战争中英勇顽强、浴血奋战、前赴后继、壮烈献身的新四军英烈们；祭祀为了祖国的繁荣昌盛和人民的幸福生活，奋发图强、艰苦奋斗、无私奉献、鞠躬尽瘁的新四军先辈们。回顾漫长的革命征程，新四军诞生于国难当头、民族危亡之时，在中国共产党领导下，从小到大，由弱变强，在祖国人口最多，形势最复杂的华中大地，抗击敌寇、英勇善战，威震四方，为了抗日救国和祖国解放，无数热血青年、革命志士参加新四军，在极其艰难困苦的环境下，与敌人进行了殊死的战斗，用鲜血和生命谱写了可歌可泣的历史篇章，我们要永远纪念、颂扬新四军将士，传承弘扬‘铁军精神’。在九公山陵园建立北京铁军纪念园，这里风景秀丽，苍松翠柏、鸟语花香，扬英雄之正气，纳仙谷之神息，是新四军革命烈士、老战士及其家属后代安息之地，也是实现与老战友在天国团聚夙愿的理想之地，这里是进行爱国主义教育和植树造林美化环境的灵秀之地。今后每年我们都将在这里举行追悼缅怀新四军将士的纪念活动，开展以学习宣传新四军历史和光荣传统为主要内容的爱国主义教育活动。"

怀柔区民政局局长、铁军纪念园共建单位北京航空航天大学关心下一代委员会主任相继讲话，表示将始终不渝地支持铁军纪念园的建设，用我们的努力告慰安息在这里的新四军前辈的在天之灵，让后来人永远记住在这里安葬着我们英勇的前辈，安葬着新中国的奠基人。

经过北京新四军研究会几代会员的共同努力，在北京市、区有

关单位的支持协助下，九公山铁军纪念园已建成相当的规模，去年被北京市正式批准为北京市爱国主义教育基地，园内的铁军纪念馆、名录墙等设施也即将落成。

全体参加活动人员列队在铁军塑像下由迟浩田题词的“铁军精神永放光芒”碑前敬放鲜花，以鲜花寄托哀思，送上深切的怀念。新四军老战士们走到碑前怀念逝去的老战友们；每一个与会者恭恭敬敬鞠躬致敬，满怀深情献上鲜花传递思念之情。

公祭仪式结束之后，大家来到铁军园中参加植树祭扫活动。种下一棵棵树苗，寄托上一个个希望，树苗将在青山环抱中长成参天大树，永远陪伴新四军将士的英灵。

今天，来的最多的是众多的新四军将士的亲属和后代。无论父辈是否安葬在这里，他们都怀着对新四军前辈的无限敬仰、对先辈的思念感激之情来到这里。有的亲属子女齐聚，有的兄弟姐妹相约，还有三代、四代子孙共同前来，他们扶老携幼走到园区，献上鲜花、种下树苗寄托哀思。

祭扫、植树、捐款，一个个场面十分感人。感谢无数后代和志愿者为了铁军园这次公祭活动做了很多的努力，以实际行动为弘扬“铁军精神”作奉献。

在粟裕大将铜像前，摆放着98岁高龄的北京新四军研究会名誉会长焦若愚老市长特地送来的白色蝴蝶兰。北京新四军研究会和中共北京市委党研室、怀柔区有关单位领导前来鞠躬致敬，一师分会会长刘华苏率分会成员列队集体来此致敬。粟裕大将之子粟戎生很早就来到铜像前，轻轻擦拭父亲的铜像，寄托哀思。

铁军后代们站在最高处，俯视巍峨群山怀抱、苍松山花围绕的铁军园，心中对革命前辈的崇敬和敬仰油然而生，一块块庄严、肃穆、简洁的墓碑记载着新四军将士的英名，一行行简短的铭文浓缩着新四军先辈的征程业绩。

一位新四军老战士墓碑上的铭文这样写道：

走过漫漫人生

你们终于实践了毕生的理想

这里虽然不是你们的故土

但有青山怀抱、松柏为邻

还有古长城的巍峨蜿蜒

这里长眠了众多的铁军战友

他们将与你们千秋同在浩气长存

愿你们的英灵

在这里得到安息！

敬爱的新四军将士们，你们是铁军的骄傲，是中国革命和新中国发展建设的功臣，你们在这里安息吧！每一年山花烂漫的春天，战友、亲属、后代子孙会再来这里看望你们！

北京电视台、千龙网、国防网等多家媒体相继报道。

玉兰树苗在青山环抱中成长、盛开，永远陪伴新四军将士的英灵

与会人员纷纷为纪念馆捐款

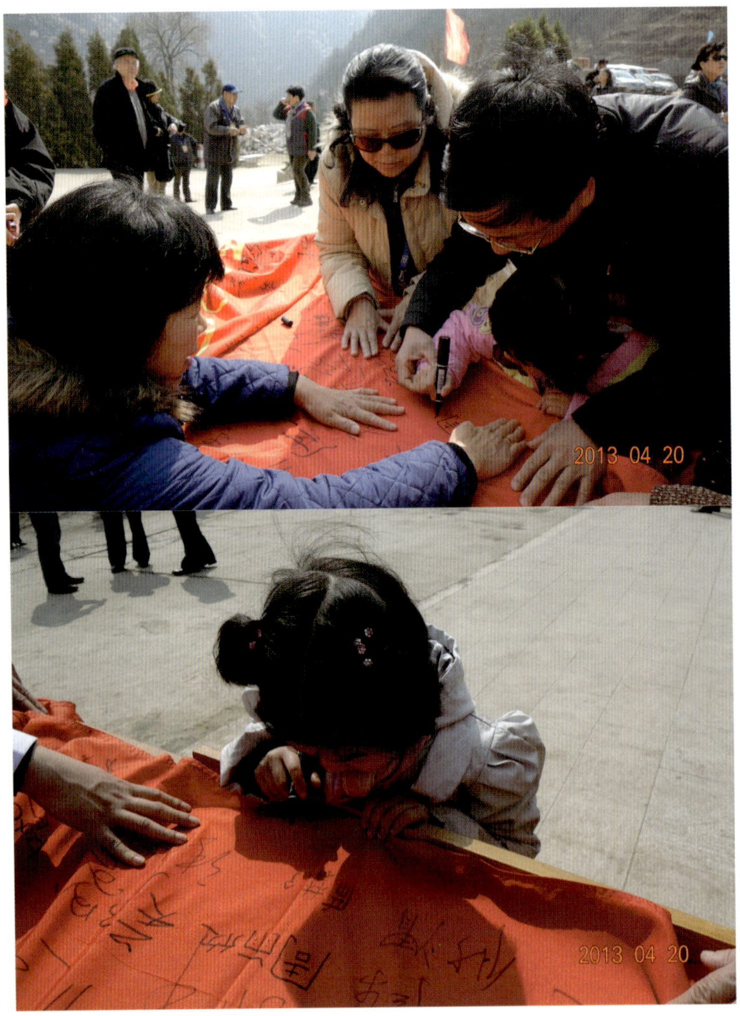

我用压岁钱来捐款

孩子，接过红旗，前进！

2013 年 7 月 1 日北京铁军纪念园爱国主义教育基地揭牌暨铁军纪念馆开馆仪式

2013 年 7 月 1 日，在这个隆重的日子里，北京市九公山长城纪念林铁军纪念园举行了由中共北京市委党史研究室、北京社会福利促进会、北京新四军暨华中抗日根据地研究会联合主办的“北京市爱国主义教育基地（北京铁军纪念园）揭牌暨铁军纪念馆开馆仪式”。

参加活动的领导和来宾有：北京市原市长、北京新四军研究会名誉会长焦若愚，中共北京市怀柔区委齐静书记，中共北京市委党史研究室谢荫明主任、李明圣副主任，解放军军事科学院战略部部长寿晓松将军、军史和百科研究部部长曲爱国将军，北京市怀柔区刘久刚副区长，北京航空航天大学曾妙南副主任等。其他参会人员有新四军、八路军老战士及九三学社参会人员；新四军政委刘少奇女儿刘爱琴、军长陈毅之子陈小鲁等。云南、浙江、江西、河南、江苏、湖北、山东等地新四军研究会的同志也专程来京参加了活动。出席此次活动人员共有 700 多人。

前排右起：李明圣、谢荫明、陈昊苏、焦若愚、齐静、刘久刚、李汝森

新四军研究会常务副会长邓淮生主持。全场高唱《新四军军歌》。在热烈的掌声中，焦若愚、谢荫明、陈昊苏，为“北京市爱国主义教育基地（北京铁军纪念园）”挂牌仪式揭牌。并为铁军纪念馆开馆剪彩。陈昊苏会长致辞。中国新四军研究会副会长蔡宜乔致贺词。赵征代表新四军老战士发言。活动中北京航空航天大学组织了大学生新党员入党宣誓，随后由新党员代表发言：“回顾漫长的革命征程，新四军诞生于国难当头、民族危亡之时，在中国共产党领导下，从小到大，由弱变强，在祖国人口最多，形势最复杂的华中大地，抗击敌寇、英勇善战，威震四方，为了抗日救国和祖国解放，无数热血青年，革命志士参加新四军，在极其艰难困苦的环境下，与敌人进行了殊死的战斗，用鲜血和生命谱写了可歌可泣的历史篇章，我们要永远纪念、颂扬新四军将士，传承弘扬‘铁军精神’。”

会后，参会人员有序地参观了铁军纪念馆。北京市九公山长城纪念林有限公司专门选派了三名年轻的工作人员担任纪念馆的讲解员，为参观人员一一讲解。大家仔细地观看展板，认真地聆听讲解。不少老同志情不自禁地指着展板或文物，讲述着亲身经历的故事。大家对纪念馆的文展及设计给予了一致好评。

多个兄弟单位相继发来了贺电：中国新四军研究会，江苏省新四军和华中抗日根据地研究会，江西省新四军和华中抗日根据地历史研究会，河南省新四军和华中抗日根据地历史研究会，云南省八路军新四军抗日历史研究会，江苏省新四军研究会后代分会，浙江省新四军历史研究会浙东分会，江苏省南通市新四军研究会，安徽省芜湖市新四军历史研究会，浙江省桐庐县新四军研究会，北京航空航天大学关心下一代工作委员会等。

北京电视台、国防网、中华网、千龙网、中华魂网等新闻媒体的朋友也莅临了此次活动。

北京市原市长焦若愚为铁军纪念馆剪彩

怀柔区政府刘久刚副区长发言

中国新四军研究会蔡宜乔副会长致贺词

陈昊苏会长介绍建设纪念馆的意义

左起：恽前程、邓淮生、唐本

六师分会新四军老战士戴仕林向年轻人讲述当年作战路线

浙东老战士石云山介绍自己捐献的文物

右 2 起：焦若愚在粟戎生、李汝森、邵和东陪同下祭奠粟裕大将

2014年4月19日第四届铁军纪念园公祭暨植树活动

北京新四军研究会、中共北京市委党史研究室和北京市社会福利促进会联合举办第四届铁军纪念园公祭暨植树活动。

参加活动的领导和来宾：北京市老市长、北京新四军研究会名誉会长、百岁寿星焦若愚，北京新四军研究会会长陈昊苏、中共北京市委党史研究室主任谢荫明，北京市社会福利促进会秘书长李汝森，中共怀柔区委宣传部副部长郭顺才，怀柔区民政局局长刘国利，北京新四军研究会常务副会长邓淮生、副会长兼秘书长乔泰阳等。与会的还有新四军老战士和会员代表，北京航空航天大学、中国传媒大学、北京师范大学历史学院、北京戏曲艺术职业学院师生代表，以及中国残联青年部的同志们；新闻媒体有解放军报、中央电视台、北京电视台、千龙网等。共450多人。

这一天，天空阴沉，时而飘着点点细雨。

从四方八方赶来参加活动的人们聚集在山脚下的广场上。纪念活动由北京新四军研究会副会长兼秘书长乔泰阳主持。

北京新四军研究会会长陈昊苏讲话：在春潮涌动、原野复苏之时，我们在北京怀柔长城脚下九公山铁军纪念园，怀着无比敬仰的心情，祭奠那些为了抗击日寇的侵略、为了新中国的诞生，流血牺牲，浴血奋战、百折不挠、前赴后继的新四军将士英烈们，缅怀他们为新中国的建立奋发图强、不怕牺牲而创建的伟大功勋。北京新四军研究会成立以来，没有忘记革命先烈所建树的丰功伟绩。我们在中共北京市委、怀柔区民政局、九公山长城纪念林有限责任公司的帮助和支持下，在这里修建了铁军纪念园，并被授予北京市爱国主义教育基地。铁军纪念馆造型独特，典雅精致，展容新颖，主题明确，内容充实，再现了新四军这支英雄部队的光辉战斗历程。铁军纪念馆自去年 7 月 1 日开馆以来，短短几个月时间，已接待数千人参观、瞻仰、祭奠。我们在这里举行了一系列纪念新四军先烈和老前辈光辉历史的活动，为的是弘扬爱国主义精神，传承新四军的“铁军精神”，教育后代子孙，永远牢记新四军的光荣传统，让新四军先烈忠魂不朽！万古长存！今天我们种下一棵棵树苗代表我们一颗颗忠心，昭示着革命自有后来人，苗木将在阳光雨露滋润下茁壮成长。我们在“铁军精神”的鼓舞下，继承先辈遗志，为实现中华民族伟大复兴

的中国梦而不懈奋斗！

中共怀柔区委宣传部副部长郭顺才、北京戏曲艺术职业学院学生代表陈昭琪先后讲话。郭顺才代表区委、区政府、区委宣传部、区民政局向参加过抗日民族解放斗争的老同志表示崇高的敬意。他说，站在新四军战士青铜雕像前，缅怀在抗日战争中英勇顽强、浴血奋战、前赴后继、壮烈献身的新四军英烈们，祭祀为了祖国的繁荣昌盛和人民的幸福生活奋发图强、艰苦奋斗、无私奉献、鞠躬尽瘁的新四军先辈们，就是为了继承遗志，激励后人，为实现伟大的中国梦而不懈奋斗！陈昭琪说，怀着无比激动的心情来祭奠英烈、净化灵魂，接受一次深刻的革命传统教育。忆往昔，新四军将士为了抗击日寇侵略，为了民族的独立与解放，不惜抛头颅洒热血，立下了不朽功勋；看今朝，幸福生活来之不易。绝不能忘记历史，绝不能忘记落后和贫穷带给我们的伤痛；展未来，任重道远。作为新时代的大学生，要勤奋学习科学文化知识，加强思想道德建设，时刻准备为实现全面建设小康社会贡献自己的智慧和力量。

参加植树的同志来到铁军纪念馆后面的墓区植树，3—4 人为一组，填土、扶树、浇水，为北京九公山长城纪念林增添新绿。

陈昊苏会长等研究会领导和研究会顾问粟戎生以及一师分会会员，来到粟裕大将雕像前祭奠并敬献鲜花，表达深切的缅怀和崇高的敬意。

师生们到铁军纪念馆参观，由老战士焦润坤和二代会员刘真理分别与师生们进行座谈和交流互动。焦润坤回答了北航师生提出的问题：什么是“铁军精神”？他说：在风云激荡的历史洪流中，中国共产党人用自己的信仰和行动培育了“铁军精神”；在中华民族生死攸关的抗日战争中，是千万新四军将士用忠诚和热血锻造、丰富和发展了“铁军精神”，其本质特征是：跟党举旗的坚定信念、英勇果敢的钢铁意志、相忍为国的博大胸怀、坚忍不拔的顽强作风和众志成城的赤诚团结。刘真理在现场与北京戏曲艺术职业学院的师生交流，通过回忆儿时的经历，讲述了今天幸福生活多么来之不易，中国只有富强才能自立于世界民族之林，要爱国报恩！她的回忆主题鲜明，条理清晰，情真意切，学生们听得很专注，很受感动。

2015年9月29日 祭奠抗日英烈暨铁军纪念坛揭幕仪式

为纪念中国人民抗日战争暨世界反法西斯战争胜利70周年，在第二个国家“烈士纪念日”前夕，由中共北京市委党史研究室、北京社会福利促进会、北京新四军暨华中抗日根据地研究会、北京市九公山长城纪念林有限公司联合主办的“祭奠抗日英烈暨铁军纪念坛揭幕仪式”，2015年9月29日于北京九公山长城纪念林铁军纪念园广场隆重举行。

为了铭记华中人民的长城——新四军为民族复兴、社会进步、人民幸福创建的巨大功勋，铭记新四军将士的奋斗牺牲，铭记人民对子弟兵的养育恩情，北京新四军研究会新建了铁军纪念坛，并从湖北、江西、安徽、河南、江苏、浙江、广东、福建、湖南、上海、山东等11个省(市)的36处新四军抗日征战地，采集了浸润着英烈鲜血的红色热土，安放在纪念坛内，以激励后人铭记历史，缅怀先烈，珍爱和平，开创未来！

新四军老战士储渭、赵征向铁军纪念坛致敬

北京市九公山长城纪念林有限公司徐红霞总经理发言

新四军后代们手捧这浸入了抗战英烈们热血的征战地热土，一步步拾阶而上

老部队代表发言

“爷爷奶奶，妈妈带我来看你们！”

先辈，我们向您致以崇高的军礼

老首长，您的战士向您敬礼

中国传媒大学的青年学子将他们为纪念反法西斯战争胜利 70 周年举行签名活动的巨幅“胜利笙歌”敬献给了新四军抗战老兵，上面写满了对老前辈的祝福和敬仰：“我们的英雄爷爷”“铭记历史、珍爱和平、胜利万岁”等等上百条留言。

2016 年 4 月 10 日 第六届铁军纪念园公祭活动

长城脚下祭奠英灵 “铁军精神”永放光芒

黄进琪 李晓帆

4 月 10 日，北京怀柔九公山，阳光明媚，天空湛蓝，玉兰飘香，春色怡人。由中共北京市委党史研究室、北京新四军暨华中抗日根据地研究会、北京九公山长城纪念林有限公司联合主办的第六届铁军纪念园公祭活动在铁军纪念园广场隆重举行。

北京军区原副司令粟戎生，北京新四军暨华中抗日根据地研究会常务副会长邓淮生等领导，中共北京市委党史研究室副处长黄迎风，北京社会福利促进会、八路军研究会代表以及专程从外地前来参加祭奠活动的中国人民解放军第 20 集团军某旅政治部孔主任，北京新四军研究会会员代表，九公山长城纪念林有限公司员工，中国传媒大学、北京航空航天大学、中国传媒大学、北京师范大学历史学院的师生代表，海河流域水资源保护局代表，共 400 余人参加了公祭活动。

公祭活动由北京新四军研究会副会长刘华苏主持。

上午 10 时，公祭活动正式开始。奏唱《中华人民共和国国歌》后，全体人员面向铁军纪念坛，向革命先烈默哀致敬。

北京新四军研究会常务副会长邓淮生讲话：今天，我们聚集在九公山铁军纪念园，拜谒那些为了民族的独立和解放，为了新中国的诞生和建设事业，奉献了一生

的革命前辈，缅怀新四军老战士的不朽功勋，铭记先烈们的丰功伟绩，寄托我们的哀思与深深的怀念。铁军纪念园，作为北京市爱国主义教育基地正在吸引着愈来愈多的人们，特别是年轻一代，正在发挥铭记历史、传承“铁军精神”的正能量作用。我们祭奠的不仅有曾经驰骋疆场、出生入死的万千新四军将士，还有在战斗中英勇牺牲、连名字都没有留下的无名烈士，他们的功绩千古流芳！他们永远活在我们心中!2015年9月3日，在天安门广场隆重举行的纪念中国人民抗日战争暨世界反法西斯胜利70周年盛大的阅兵式，向全世界展示了国威、军威，表明了中国人民绝不向一切反动邪恶势力屈服的凛然民族气节，在世界上引起强烈反响。今年，铁军纪念园将在发挥爱国主义教育基地作用方面多下功夫。在中共北京市委党史研究室的指导下，我们将与中共怀柔区委组织部加强协调，与共建的大专院校密切联系，进一步加强对青少年的红色传统教育，让“铁军精神”在新时代发出更加夺目的光彩，让红色基因代代相传，为实现中华民族伟大复兴的中国梦作出我们的努力！

接着，由中国传媒大学后勤党总支书记许学峰代表共建单位讲话。他说，刀光血影七十余载，沧海桑田继往开来。今天，我们怀着无比的敬意，站在铁军纪念园，缅怀先辈的丰功伟绩，真切地感受到先烈们为民族解放事业所经历的艰苦卓绝的峥嵘岁月。为此，我们一定要继承革命传统，学习先烈们对党对人民的无限忠诚，一切以党和人民的利益为重；学习先烈们坚强的党性和组织纪律性，步调一致地完成党的各项任务。当前，要学好党章党规，学好习总书记系列重要讲话，做合格的共产党员。作为大学教职员工中的共产党员，我

高唱军歌 颂扬先烈

们应该时刻以革命先辈为榜样，坚持社会主义办学方向，牢记自身的政治使命，将日常工作与全面育人密切结合起来，为培养合格的社会主义事业的建设者而不懈努力。

北京航空航天大学研究生王胜兰代表共建单位学生发言。她说，70多年前，一群群热血青年，一位位革命勇士，在中华民族生死危亡之际，在中国共产党的领导下，高举救国大旗，用血肉之躯筑起一道坚不可摧的长城！习近平主席曾经说过："历史是最好的老师，它忠实记录下每一个国家走过的足迹，也给每一个国家未来的发展提供启示。"9·3阅兵式上铿锵的步伐，蓝天上翱翔的雄鹰，经济的快速腾飞，中华文化的传播，彰显了现今的中国具有令世界瞩目的实力。但我们还要清醒认识到，国家仍然面临着诸多挑战与危机。为此，我们年轻一代要把“听党指挥，热爱人民，精忠报国，奋斗牺牲”的“铁军精神”融入到日常的生活、学习和科研中去，踏踏实实地做好本职工作。今天我们缅怀中国曾经的脊梁，就是为了激励自己成为今后国家的栋梁。让我们庄严地向先烈们宣誓：我们一定珍惜时光，不畏困难，努力学习，做一个踏实努力、理想远大的人；从我做起，从现在做起，顽强拼搏，自强不息，让我们祖国的明天更加美好！

在激越昂扬的《新四军军歌》声中，在 8 名原三军仪仗队老兵仪仗队员的护卫下。参加公祭的全体人员缓步依次前行，怀着无限崇敬与缅怀的心情，在纪念坛前敬献花篮和鲜花，向革命前辈和先烈们献上一束束鲜花。

参加公祭的领导等来到粟裕大将雕像前，敬献花篮和鲜花。

大学生们纷纷来到铁军纪念馆内，聆听讲解，学习和了解新四军的征战历史和不朽功勋，接受生动直观的革命传统教育。第 20 集团军某旅政治部孔主任，在介绍老部队新面貌的展板前，热情洋溢地向大学生们讲述所在部队——英雄的“沙家浜连”接受中央领导接见时的光荣时刻和部队在汶川抗震救灾的英勇壮举，并在留言簿上写道：“作为新四军老部队的官兵，我们将继续大力传承和发扬新四军的‘铁军精神’、20 军前锋精神、浙纵精神，为建设一支过硬的陆军精锐劲旅而努力奋斗！”表达了新形势下部队官兵坚决听党指挥、能打胜仗的坚定信念与决心，令人振奋，给人鼓舞。

一年一度的祭奠活动圆满成功。我们将坚持不懈地弘扬“铁军精神”，做名副其实的铁军传人！

北京电视台、北京青年报、千龙网、中红网等多家媒体迅即作了报道。

2017年9月30日 纪念为民族献身的烈士暨第七届铁军纪念园公祭活动

先烈回眸应笑慰　擎旗自有后来人

严军鸿

在新四军建军80周年及党的十九大即将召开之际，迎来了我国第四个烈士纪念日。北京新四军研究会在九公山长城纪念林铁军纪念园，举办了“纪念为民族献身的烈士暨铁军纪念园第七届公祭”活动，缅怀先烈的丰功伟绩，传承铁军的不朽精神，坚定崇高的理想信念。

参加第七届公祭活动的有：新四军研究会部分会员，国家知识产权局中国专利信息中心的党员同志。还有安徽省新四军革命传统教育基金会副理事长、执行会长黑良慈，江苏省邳州市拥军站郑学荣站长、王飞副站长，共计380余人。

公祭活动由刘华苏副会长主持。10时，公祭在庄严肃穆的气氛中开始，全场高唱《中华人民共和国国歌》，铿锵有力的歌声，在山谷中回荡，仿佛又回到了那冒着敌人的炮火前进的抗日战场！歌声在告慰先烈们，“铁军精神”不朽，先烈英名永存！人们怀着无比崇敬的心情，面向纪念园英雄塑像默哀，并行三鞠躬礼，表达对先烈们深深的怀念和哀思。

乔泰阳副会长做了题为“长城脚下祭奠英烈 永做合格铁军传人”讲话。他满怀深情地说：“今天，我们来到长城脚下举行铁军纪念园第七届公祭活动，心潮澎湃，思绪万千。因

为今天——9月30日是国家烈士纪念日。在烈士纪念日举行公祭活动，就是要让后人不忘历史，牢记今天的幸福生活是万千爱国仁人志士为了国家独立、民族解放而顽强拼搏、前仆后继，用满腔热血和宝贵生命换来的。把烈士纪念日确定在国庆前夕，更是警醒全国人民：没有无数先烈们奉献牺牲，哪有今天祖国的繁荣富强？哪有今天人民的和平安宁幸福？哪有今天社会的文明和进步？”乔泰阳引用了习近平总书记的话告诫大家：“历史是最好的教科书，一个没有历史记忆的民族是没有前途的。” “一个不记得来路的民族，是没有出路的民族。” “人类的历史已经见证，忘记过去就意味着背叛，如果不能崇尚英雄、缅怀英烈，就不会再有英雄的出现，也就不会再有英雄辈出的局面，这样的民族就没有希望，国家就没有未来。”他指出：“北京新四军研究会以学习、研究、宣传新四军历史为己任，作为铁军的传人，传承弘扬新四军的‘铁军精神’是责无旁贷的神圣使命。我们要共同努力，让红色基因代代相传，让无数革命先烈和革命前辈浴血奋战、流血牺牲而打下的红色江山一代一代传下去！”

李尊总经理代表北京同泰投资管理有限公司以及北京市九公山长城纪念林有限公司致辞。他深情地说：“九公山上埋忠骨，烈士陵园万代春，回首南天应笑慰，华中北地聚英魂。和平年代，勿忘国耻，缅怀先烈，弘扬传统。‘铁军精神’应该永远被铭记和传承。九公山铁军纪念园就是传承和弘扬革命传统的物质载体，至今已累计安葬革命先烈300余人。成为北京市爱国主义教育基地，每年接待参观人数2万以上。新四军研究会和社会各界信任与认可，对于我们全体员工意味着责任与担当。决心要进一步做好

纪念园的建设维护工作，提高服务水准，为先烈创造优美安息乐土，为弘扬‘铁军精神’作出应有的贡献。”

重温《入党誓词》，把公祭活动推向了高潮。参加活动的共产党员，在张晓龙副会长的带领下，面对鲜红的党旗，面对逝去的先烈，郑重举起紧握的右拳，庄严诵读入党誓词。在烈士纪念日重温入党誓词，有着极为深刻的意义。参加公祭的同志，有几十年党龄的老党员，也有入党不久的新党员，还有要求加入党组织的积极分子。不论是温故还是知新，每位同志都决心要时刻牢记这 80 个字的入党誓词，自觉按照入党誓词要求去做，按照党的章程规范自己言行，不忘初心，砥砺前行，在以习近平总书记为核心的党中央领导下，尽心尽力做好本职工作，以实际行动迎接党的十九大胜利召开！

重温《入党誓词》之后，全体人员齐声高唱《新四军军歌》。铿锵激昂的歌声，在山谷中回荡，在长城上萦绕。这歌声仿佛在告慰先烈：你们为国家为民族建立的丰功伟绩，祖国不会忘记！人民永远铭记！“铁军精神”不朽，先烈英名永存！

随着《献花曲》音乐声响起，人们在仪仗兵的引导下，手捧花篮，缓步走向纪念园墓地，向英烈们敬献鲜花和花篮，祭扫陵地。在粟裕将军铜像前，总会领导、一师分会及其他分会的会员们深情祭奠。许多二代会员来到墓园，祭扫长眠于此的父辈和叔叔阿姨的墓地，寄托思念，告慰英灵。

公祭活动虽然结束了，人们对先烈功绩的追思，对英雄精神的传承，对理想信念的坚定将永不止步！

让我们铭记历史，缅怀先烈，展望未来，再创辉煌！

让烈士精神传承不息！人民英雄永垂不朽！

2018 年 9 月 30 日“追忆英烈 致敬英雄”公祭暨无名英雄纪念馆开馆仪式

在第 5 个国家烈士纪念日到来之际，由北京新四军研究会和北京九公山长城纪念林有限公司主办的“‘追忆英烈，致敬英雄’公祭暨无名英雄纪念馆开馆仪式”在铁军纪念园举行。

数百名新四军老同志及后代、社会各界代表向安眠的先烈先辈默哀、献花。“新四军魂，对党忠诚；日月同辉，永垂长空！”《英雄祭》祭文的每一句话都是一段荡气回肠的历史，每一个字都是一声传承铁流的呼唤。数名新四军老战士后代将珍藏数十年的传家宝捐献给铁军纪念馆，让更多的人能触摸到真实的历史。

礼兵身姿挺拔，步伐雄壮，手抬花篮送至纪念碑前，参与公祭的各界人士依次将手中的鲜花放置碑前。每一次对烈士的缅怀，都是对民族记忆中那段光辉历史的重温。纪念馆内，一幅幅展板、一组组照片、一件件文物，讲述着新四军的壮烈事迹。

“新四军魂，对党忠诚；日月同辉，永垂长空！”北京新四军研究会会长张晓龙同志诵读《英雄祭》祭文。16 句，128 字，每一句话都是一段荡气回肠的历史，每一个字都是感人至深的故事，书写着烈士对祖国的忠诚，激励着后人对英雄精神的传承。

祭文诵读完毕，几名新四军老战

铁军纪念馆

铁军纪念馆

士亲属走到台前，将一批有关新四军历史的文物展现给大家。今天，他们要将这些珍藏数十年的“传家宝”捐献给铁军纪念馆，让更多的人触摸到真实的历史。“铭记烈士，是每一代人不变的历史责任。”新四军老战士司远的夫人、86岁的张新老人坚信，这样的纪念能够让烈士精神在子孙后辈心中永存。她毅然将司远同志1套新四军军服和10枚纪念章捐给纪念馆收藏。

唯有传承先烈风骨，才能挺起民族的脊梁；唯有铭记先烈遗志，才有更加光明的未来。正值第五个烈士纪念日，九公山长城纪念林园区内又一座建筑——无名英雄纪念馆落成。“正是有他们的存在，中华民族才数千年巍然屹立。”泰康健投高级副总裁兼首席纪念园执行官陈平介绍，修建这座无名英雄纪念馆，就是为了纪念那些默默无闻、籍籍无名的英雄们，纪念那些在国家危难之际为国为民挺身而出的英雄们。

或许我们无法一一说出所有烈士的名字，但每个人的背后都有一段不应被忘却的英勇故事。身处和平年代的我们，向这些伟大的无名英雄致敬。

右起：李尊、陈平、邓淮生与捐赠人合影

铁军纪念园工委会主任邓淮生授文物捐赠赠书

泰康建投 CEO 陈平展示捐赠的文物

合唱团团员们高歌《英雄赞歌》

2019 年 9 月 21 日 庆祝新中国成立 70 周年暨第九届铁军纪念园公祭活动

严军鸿　章兰云

2019 年 9 月 21 日，九公山长城纪念林有限公司和北京新四军研究会铁军纪念园工作委员会共同主办“庆祝新中国成立 70 周年暨第九届铁军纪念园公祭仪式”。

北京新四军研究会会长张晓龙、原副会长刘华苏、北京九公山长城纪念林有限公司总经理李尊、北京市侨联日本归侨联谊会副会长兼秘书长杨幼瑛、北京航空航天大学关心下一代工作委员会书记曾妙南等领导，新四军老战士后代及北京航空航天大学的师生代表、北京市侨联、九公山长城纪念林的代表近 400 人参加了公祭活动，共祭革命先烈，同忆新中国 70 年华章。

本次公祭仪式由北京新四军研究会副会

长兼铁军纪念园工委会常务副主任戈继军主持。

上午 9 点 30 分，公祭仪式在嘹亮的《中华人民共和国国歌》歌声中开始。

北京新四军研究会会长张晓龙发表讲话，他热情讴歌新中国成立 70 年来尤其是改革开放 40 年来，在我们党的英明领导下，国家和人民从“站起来、富起来到强起来”的飞速发展和沧桑巨变。他以 70 年来新中国所取得的举世瞩目的伟大成就和辉煌胜利，告慰为新中国建立、为祖国繁荣昌盛而奋斗终生的革命先烈和先辈们。张晓龙会长指出：在胜利喜悦的同时，我们应时刻铭记先烈和前辈：没有他们的流血牺牲，就没有新中国的诞生；没有他们的无私奉献，就没有我们国家的辉煌。他们永远活在我们的心中。让我们更紧密地团结在以习近平同志为核心的党中央周围，“不忘初心，牢记使命”，为创建祖国更美好的明天，生命不息，奋斗不止。

北京航空航天大学学生李婧祎、北京九公山长城纪念林有限公司魏文兰副总经理也分别发表了缅怀英烈，传承励志的讲话。

公祭活动中，举行了向铁军纪念馆捐赠文物的仪式。新四军女战士赵征之女吕培俭（一师分会会员）捐赠赵征参加纪念抗战胜利 70 周年受阅时穿过的军装；新四军老战士宋良甫之女宋小虹捐赠宋良甫在 1944 年用过的美国军人支援抗战的军用行囊；新四军老战士金光祖、顾华之子金

右起：刘华苏、吕培俭、宋小虹、李尊、金山山、李晓帆

山代表其父母捐赠1946年4月结婚时用过的绣花枕套和牙具用袋。刘华苏将军、李尊总经理、李晓帆同志代表铁军纪念馆接受捐赠文物。

全场齐唱《新四军军歌》之后，进行向革命先烈敬献花篮仪式。在《献花曲》的音乐中，仪仗兵抬举着花篮缓步迈向纪念坛，全体人员向革命英烈鞠躬致敬，敬献鲜花。

第九届公祭活动结束后，一师分会的会员跟随老会长刘华苏，来到冬青树环绕的粟裕大将塑像前，举行了庄严肃穆的祭奠仪式。

刘华苏在致辞中深情地回顾了伟大的革命家、军事家、战略家粟裕大将的光辉一生。刘华苏要求一师分会的同志们，在迎接建国70周年的今天，要铭记粟裕同志建立的不朽功勋，学习他崇高的革命精神，继承他光辉的伟大事业。不忘初心，牢记使命，更加紧密地团结在以习近平同志为核心的党中央周围，为实现中华民族伟大复兴的中国梦而努力奋斗！

一师分会的会员向粟裕大将塑像三鞠躬默哀，献上一束鲜花，行一个军礼，致敬老师长，深切缅怀粟裕大将为党、为人民、为国家而建立的彪炳史册的不朽功绩。

我们的共产党和共产党所领导
的队伍。我们这个队伍完全是为着
民的利益工作
四军暨华中抗日根据地研究会
一师
分会

北京航空航天大學
高等理工学院
北京航空航天大學

2020年9月26日铁军纪念园开园10周年暨第10届公祭活动

铭记历史 缅怀先烈 珍爱和平 开创未来

2020年9月26日，由北京新四军研究会和北京九公山长城纪念林有限公司主办的“铭记历史 缅怀先烈 珍爱和平 开创未来——铁军纪念园开园10周年暨第10届公祭”在铁军纪念园举行。300余名新四军老战士和后代与来自中国传媒大学动画与数字艺术学院、北京航空航天大学的师生代表、九公山长城纪念林的青年代表共祭先烈，同忆铁军纪念园开园10年的历程。

铁军纪念园从一片荒凉的小山沟，经过10年的艰辛路程，在新四军老战士、后代的执着坚持和辛勤耕耘下，在社会各界的大力支持和帮助下，逐渐发展成了今天的壮观景象。自2011年起，北京新四军研究会每年都在此举办公祭仪式，缅怀祭奠革命英烈，寄托我们的哀思。10年的艰辛共建，10年的心路历程，铁军纪念园的成果凝聚了新四军老战士和后代以及无数人的心血，见证了无私奉献的爱心和锲而不舍的努力。铁军纪念园正在卓有成效地发挥着独特的爱国主义教育作用，成为回顾历史、缅怀前辈、继承传统的重要场所和传承平台。

作为共产党抗战老兵代表参加9月3日在中国人民抗日战争纪念馆举行的纪念中国人民抗日战争暨世界反法西斯战争胜利75周年仪式、已91岁高龄的新四军老战士储渭同志，满怀深情地作了《烈士的梦想必将实现》的发言。大学师生和青年代表表示，要坚定理想、立足本职、勤奋学习、苦练本领，增长青春搏击的能力，以无私的爱

心，用一流的业绩，服务社会，描绘人生精彩。

铁军纪念园工委会代表李晓帆做了“礼赞铁军纪念园建园十周年”的发言。她说，铁军纪念园的成果凝聚了新四军老一代和后一代以及无数人的心血，见证了我们无私奉献的爱心和锲而不舍的努力。2012 年被批准为北京市爱国主义教育基地，正在卓有成效地发挥着她独特的爱国主义教育作用，吸引着越来越多的人来这里参观、瞻仰，从中了解新四军这支英雄军队的光辉战斗历史，聆听新四军将士们英勇顽强的战斗业绩和可歌可泣的英雄人物故事，感受今天幸福生活的来之不易，接受一次次撼动心灵的精神洗礼。

活动中，还举行了文物捐赠仪式。 新四军老战士吴凡吾之女吴立、金光祖之子金山山，汪洋代表文凤山孙女文燕，向铁军纪念馆捐赠父辈珍贵的文物。现已 107 岁的新四军老战士吴瀚书写的“铁军精神不死”赠予铁军纪念馆留存。

随后举行祭奠粟裕大将敬献花篮仪式。人们纷纷走进铁军纪念馆参观，来到新四军将士名录墙前瞻仰，祭扫陵园墓地。

北京新四军研究会常务副会长王小戡向储渭颁发捐赠证书

九公山长城纪念林党员张晓蒙

泰康健投纪念园事业部助理总经理赵刚

右起：戈继军、吴立、王文平、王涛、周久臣、金山山

铭记历史缅怀先烈
爱国主义教育基地

周年暨第十
中抗日根据地
纪念林有限

PERSISTENT FAITH

矢志不渝

（传承篇）

星火
——点燃理想信念

与父亲的交谈

夏 菁

2014 年 4 月 19 日上午，天空中下着毛毛细雨，更显得九公山铁军纪念园山青松翠，庄严肃穆。今天，原北京军区副司令员中将粟戎生同志代表母亲及全家来祭奠亲爱的父亲。当天我恰好在场，看到了这一过程。

戎生大哥来到父亲的雕像前驻足，凝视了许久。随后拿出准备好的毛巾水桶开始擦拭铜像，随行的战士伸手要帮忙，我听到戎生大哥说："不用了，这是我们自己家的事。"粟裕同志是我党我军最优秀的指挥员之一。他参加过南昌起义，抗战爆发后曾担任新四军第二支队副司令员、江南指挥部副指挥。1941 年皖南事变后担任新四军第一师师长、苏中军区司令等职务，率领新四军将士们前赴后继、浴血奋战，谱写了中国革命史上惊天地、泣鬼神的光辉篇章，铸就了共和国武装力量的重要精神财富——"铁军精神"。九公山铁军纪念园里的这尊铜像，粟裕大将身着军礼服，神情威严，双目炯炯有神，凝视着东方。戎生大哥踮起脚，拿着毛巾，先从父亲铜像的双眼轻轻擦起，然后是面庞。我觉得他仿佛是在为父亲抚平伤痛和疲倦，又仿佛是在为父亲洗净戎马征尘。然后又将帽徽、帽檐、帽顶、军装一点点细细地擦拭着。我看到戎生大哥双唇紧闭，神情非常专注，此刻他似乎是在和父亲心与心地娓娓而谈。也许，父亲的音容笑貌又浮现在眼前，父亲的谆谆教诲又响在耳边；也许，他在告诉父亲当年南昌起义的红色火种，奠定了中国革命武装的基石。如今我们国家已强盛，我们的军队已经在现代化的征程上有了长足发展，在保卫国土、在维护世界和平的国际舞台上成了不可替代的坚强力量。"铁军精神"仍在继承发扬！也许……戎生大哥将一大束鲜花摆放在大理石基座上，雨水滴落在朵朵娇艳的花瓣上，也打湿了红红的缎带，缎带上"我们永远怀念您！楚青率全家敬献"的墨迹有洇了，恰似家人对粟司令的深深思念之泪、之情。

此情此景，我被深深的感动了。

囚歌

我心中的一方净土

李晓帆

铁军纪念园，是我心中的一方净土。我相信，走进铁军纪念园，踏上这方土地，人们的心中都会产生一种凝重而厚实、神圣而洁净的感觉。回望这 10 年来我与铁军纪念园的件件往事，思绪万千，心中的许多话语想要倾诉。

记得，早在纪念园初建时，在哥哥的倡议下，我们兄妹五人一致赞同，在铁军纪念园红军墓区为父母买下了一块墓地。我们的父母 1992 年先后去世后，骨灰已经安放在八宝山革命公墓了。我们想，铁军纪念园是黄河以北唯一的一处工作和生活在北京的新四军将士的最后归属地，能让父母在这块土地上与昔日的老首长、老战友齐聚一堂，也是他们的一件幸事。在这块墓地里，就放置父母的一些遗物，作为衣冠冢来祭奠他们吧。

2007 年，北京新四军研究会为父亲李步新与傅秋涛同时举办百年诞辰纪念活动，因为需要撰写缅怀父亲的文章，我才参加到研究会的活动中来。我自 2001 年从部队退休后，一直在北京几所民办高校教授英语，用自己特长做些教书育人的事情，忙得不亦乐乎。自从参加了父亲的百年诞辰纪念活动后，就被北京新四军研究会——宣传新四军英雄部队、弘扬“铁军精神”的红色社团所吸引所感动，激励和鞭策着我从心底里乐意在这个红色集体里做些力所能及的事。这往后，我就一门心思、忙不迭地在研究会工作起来了。

我参加了北京新四军研究会及七师分会组织的活动，使我对研究会有了深刻的认识和浓厚的感情。我参加了“踏着父辈的足迹前行”的寻访；协助了央视对数十位新四军老战士进行《口述历史》采访；参加了宣讲团，聆听老战士们感人至深的宣讲，我自己也为宣传父辈的革命精神作了一些宣讲；参加了《铁流》丛书的编辑；编写分会老同志百年诞辰纪念册……这些都使我不仅感受良多，还获益匪浅。为延续从小喜欢唱歌的爱好，我兴致勃勃地加入了新四军老战士合唱团，通过演唱红歌，传扬“铁军精神”，在愉悦身心的同时，陶冶了情操。

特别是，我参加的一年一度的铁军纪念园的公祭活动。令我的心灵得以净化，精神得到升华。我至今清楚地记得，在铁军纪念馆开馆之初，我和一师分会的郭北燕一起训练讲解员的情景。北燕曾是福建前线对台宣传的播音员，她音质纯正甜美，播音经验丰富，给纪念馆的讲解员作了很好的示范。可惜，她不幸因病早逝。

我还曾陪同宣讲团新四军老战士焦润坤叔叔，在铁军纪念馆与北京航空航天大学的师生同过党日，焦老为师生们进行革命传统教育。

为了采集新四军征战地的红色热土，我随七师分会的兄弟姐妹一起遍访了新四军七师的多个征战地。我还随新四军老战士合唱团在每年的公祭活动中高唱《新四军军歌》。特别难忘的是2018年9月29日，在全国第一个烈士纪念日前夕，在铁军纪念园举行公祭活动时，我与六师分会合唱队在九公山新建的无名烈士纪念馆前，放声高唱《英雄赞歌》，那情那景至今仍历历在目。

我曾参与铁军纪念馆的讲解工作，面对着那面数千人组成的、没有标注姓名的“华中人民的长城”人像墙，令人无尽的思念；在一幅幅介绍新四军光辉战斗业绩和英雄模范展板前，激发人们对这支光荣军队的无比崇敬；在一件件珍贵的文物前，那些背景故事令人肃然起敬；在介绍北京新四军研究会在弘扬“铁军精神”方面所做的一系列工作的展板前，会更加热爱这个团体，并为之更加努力奉献；面对着硕大的新四军将士名录墙，那上面镌刻着3000多位新四军将士的名字，会令人遥想着他们的丰功伟业……

我为铁军纪念馆做的一件非常有意义的事是征集珍贵文物。吴苏宁和我两人负责保管各分会征集来的文物，苏宁还认真地编写了目录，将大约40余件文物分别放置在展柜里。2017年的一天，九公山长城纪念林的一位同志给我来电话说，研究会有一位同志要捐献文物给铁军纪念馆。原来是张新阿姨为她的丈夫购买墓地后，想把她丈夫司远同志的10枚颇具纪念意义的纪念章和一套新四军军服捐献给铁军纪念馆。我立即找到七师分会的周煦明（他是铁军纪念园工委会成员，一位非常热心的同志），再叫上热情的罗亚滨，三人一起去到张新阿姨家。阿姨非常热情地接待了我们，小心翼翼地把司远叔叔的纪念章和军服交给我们。后来，我们又专程去给阿姨送去收藏证书，并合影留念。张新阿姨对铁军纪念馆的那份真情，令我至今难忘。

再就是我们七师分会的金光祖叔叔和顾华阿姨，将他们夫妻珍藏多年的结婚纪念物——一件战友赠送的、做工精致的绣花枕套和一个战时使用的牛皮公文包等物品，捐赠给铁军纪念馆珍藏。我为两位新四军老战士对铁军纪念园的信任与支持而感动。我们工委会在近年组织的公祭活动中，特别增加了一项内容——隆重的文物捐赠仪式，引起了较大反响，起到了很好的效果。

铁军纪念园建园整整10年了，它经历了艰难的初创阶段，凝聚着太多人的奉献。今天，它正以崭新的面貌出现在人们面前。它是北京市爱国主义教育基地，将发挥着越来越重要的作用。

如今，通往铁军纪念园的道路宽广壮阔，园区墓地整洁有序，棵棵玉兰枝繁叶茂，遍地花草含笑怒放。铁军纪念园将以特有的风姿、深邃厚重的历史含义，启迪和教育后人。我们衷心期盼着，坚定相信着：铁军纪念园的未来一定更加美好！

回首烽火岁月 缅怀昔日战友

北京新四军研究会一师苏中分会

在新四军成立 76 周年的纪念日和中国传统的重阳佳节即将来临之际，10 月 9 日，一师分会在怀柔九公山铁军纪念园举办“2013 年新四军老战士重阳联谊会”。

老战士们来到铁军纪念馆里，仔细观看，回首烽火岁月。

老战士们来到新四军将士名录墙前，驻足凝望，缅怀昔日战友。

许多老战士还带着儿孙前来，铭记历史、继承传统，让“铁军精神”代代相传、发扬光大！

三代人在铁军纪念园留下了珍贵的合影。

守革命初心 担空天使命
——记北航学生的感想

温 瑾

北京航空航天大学关心下一代工作委员会是北京市爱国主义教育基地（北京铁军纪念园）的共建单位。多年来，北航关心下一代工作委员组织学生党员、学生代表踊跃参加了由北京新四军研究会在铁军纪念园主办的活动，使学生们深受教育。

学生们在纪念园参加了公祭活动，同新四军老战士和后代同唱《新四军军歌》；参观了纪念馆，仔细观看了抗日战争时期的图片和实物展览；聆听了新四军老战士讲述的战斗故事和红军、新四军后代讲述的革命先烈的崇高精神；庄严地重温了入党誓词；为先辈献上一束菊花……

潘莹同学说：无数革命先烈抛头颅、洒热血，用生命换来今天的幸福生活，我要好好珍惜今天的幸福生活，把祖国建设得更加繁荣富强！杨海霞同学说：我们无法说出所有烈士的名字，但我们永远铭记先烈为民族独立解放和国家富强、人民幸福英勇牺牲的壮举。一个注目、一段追忆、一份感念，既有对过去的缅怀，更是对当下和未来的思量。对英雄的纪念，既是为了珍视历史、慰祭先烈，更是为了继承革命传统，鼓舞开拓进取的昂扬斗志。一个有希望的民族不能没有英雄，一个有前途的国家不能没有先锋。和平年代同样需要英雄情怀，天地英雄气，千秋尚凛然，崇尚英雄，学习英雄，才能为中华民族的伟大复兴作出应有的贡献。邱晨同学说：烈士照片被排列在纪念馆环形的墙上，时刻提醒我们，即使革命年代已是历史，但是革命烈士留下的精神仍然在不断地传承，值得被整个民族铭记。张玉民同学参观了无名英雄纪念馆后说：我们不知道他们的名字，但我们会记住他们的业绩，这样的历史不会

因为无名而默默无闻，而会因为无名而熠熠生辉。无名英雄纪念馆中有不同年代的英雄，他们都有同样的信念与理想。我们当代的大学生不是为了成为英雄，而是要实实在在地作出自己的贡献，奉献自己的力量。邱泽昱同学说：我们有幸参加公祭活动，追忆英烈，敬仰英雄，将激励我们继承革命传统，发扬革命精神，更好地学习、工作，更好地提升自己的才能，才不辜负当年英烈们牺牲自己的生命为我们换来的美好生活。李婧祎同学说：就我们大学生而言，“铁军精神”对弘扬和发展大学校园文化、培养大学生良好的“大学精神”起着积极的促进作用。新四军在抗日烽火和长期革命斗争的实践中铸就的“铁军精神”是爱国主义精神的集中体现，为当前的大学生思想政治教育，特别是为大学生理想信念教育提供了新思路。大学是探求学术和真理的神圣殿堂、文化创新和知识传承的基地、培养高层次人才的摇篮，在其历史发展的长河中，逐渐形成的大学生所共有的一些思想品质和价值理念，这就形成了我们的校园文化。“铁军精神”是新四军留给我们宝贵的精神财富。李文明同学说：什么是“铁军精神”呢？“铁军精神”是听党指挥、忠于人民、坚贞不渝的铁的信念，不怕牺牲、敢于胜利、百折不挠的铁的意志，令行禁止、执纪严明、秋毫无犯的铁的纪律，勇猛顽强、英勇善战、所向无敌的铁的作风。毛泽东主席曾评价：“新四军是消灭不了的，新四军已经成为华中人民的长城。”即使时光遥远，梦想在前，这些光照亮的地方都不会被抹去。吕超同学说：我记得臧克家曾这样写道：有的人活着，他已经死了；有的人死了，他还活着。铁军纪念园让我对这句话有了最深刻的理解。岁月虽可改变山河，但是“铁军精神”永不失落；时间会冲淡记忆，但人民决不会忘记为祖国牺牲的英烈。他们的理想，他们的信念，将鼓舞着一代又一代人为国家的复兴不懈奋斗。铁军纪念园，不仅仅是为了纪念，更是为了鼓舞。个人的幸福，社会的进步，国家的发展，需要一批又一批像新四军一样的战士勇往直前，做甘于奉献的建设者和开拓者。我们大学生已不再是懵懂无知的少年，作为国家的希望，更应该担负起建设祖国的重任。我们来到这里，不仅仅是为了缅怀先烈、铭记历史，而是要思考如何弘扬革命先烈不怕牺牲、勇往直前的无畏精神，接过建设祖国的接力棒，实现中华民族伟大复兴的中国梦。王培生同学说：作为一名航空人，我们应该学习先辈精神，接过革命先辈守护祖国的旗帜，担起守护祖国的责任，努力学习专业理论知识，潜心科研，钻研学术，为国家的国防空天事业做出自己的努力。我们要传承“铁军精神”，对研究中遇到的问题与难点，要坚持不懈，迎难而上，发扬克服困难艰险、上刀山下火海坚韧不拔的革命精神，努力攻坚克难，勇攀理论研究的高峰，为祖国的空天事业提供坚实的理论基础。我们更应该明白习总书记所说的关键技术是要不来、买不来、讨不来的，更应该明白核心技术受制于人的局面依然存在，更应该清楚作为一名航空人、一名未来的科技工作者，身上应该担负的使命和责任。中国的空天事业，在先辈的努力下，从一张白纸到现在的璀璨星空。先辈在技术封锁的情况下，走出了一条自创自主的空天之路。担负新时代空天强国使命的我们，不应止步不前，更应以先辈精神为指引，以自主创新、踏实奋进为动力，向新时代的空天事业，继续扬帆起航。我们的前方是浩瀚的星辰大海……

王春熙同学用一首诗表达了自己的

心意：

冬去春来百花开，集体来到九公山，
参观铁军纪念馆，坚定理想与信念。
陈毅元帅诗文美，军歌词曲感心怀，
粟裕大将兵法精，雄姿挺立我三拜。
馆内照片一张张，万千英烈放光彩，
党的领导坚如钢，军民团结情似海。
八年抗战获胜利，精忠报国克艰难，
三年内战得解放，全国人民把身翻。
“铁军精神”民族魂，英勇威武育后代，
革命传统到今朝，祖国富强立世界。

铁军纪念馆里的座谈会

张文勤

2014 年 4 月 19 日，来自大专院校的师生，参加公祭活动，参观铁军纪念馆，接受革命传统和爱国主义教育，了解历史，思考历史，继往开来。

在铁军纪念馆中，师生们与新四军老战士焦润坤进行座谈。焦老给大家讲解了新四军在华中大地上，始终与日伪顽军进行战斗发生的可歌可泣的故事和以万千将士英勇牺牲凝聚成的不屈不挠的“铁军精神”。他对年轻人寄语：实现“中国梦”的希望寄托在你们身上。现在我们强大了，中国被世界看重，过去欺负人的国家不舒服。希望年轻人要接过接力棒，把国防建设的事业接过来，让国家越来越强大。

北京新四军宣讲团新任团长李晓帆给师生们介绍了铁军纪念馆的情况，并表示现在接过了焦润坤老团长的班，一定要把继承革命传统、弘扬“铁军精神”的宣讲工作继续坚持下去，希望得到学校的配合和支持，有机会多和年轻一代多交流，不辜负革命老前辈的期望。

师生们纷纷表示，要深刻学习英雄精神，决不能淡去对先辈英雄伟业的记忆和崇高精神的传承。继承革命先辈的遗志，发扬光荣传统，大力弘扬以爱国主义为核心的“铁军精神”，为实现中华民族的伟大复兴而奋斗。

牢记历史 感恩人民 忠心报国

温 瑾 李晓帆

2014年4月19日，北京九公山细雨蒙蒙。在祭奠新四军先烈活动中，北京戏曲艺术学院师生在铁军纪念馆里围在北京新四军研究会会员、新四军后代刘真理身边听她回忆她的艰辛童年和人民群众的养育之恩。

刘真理是1941年8月出生的。那是抗日战争最艰苦的时期，新四军刚遭到皖南事变的重创，各支部队正在重建，同时与日伪顽进行艰苦的战斗。当时她的母亲挺着大肚子还得时常冒雨急行军，她就是在那种艰难的环境下出生的。因为部队整天打仗，父母无暇照顾她，只得把她寄养在老乡家里。在她幼小的心灵里天天盼着父母的出现。但是在生活中，她又觉得有很多人在守护着她。每当得知鬼子要进村时，小伙伴们就冲着她喊："快跑，鬼子来了！"那时总有人跑到她身边，抱起她，让她骑在他的头上，飞快地奔向安全的地方。有时，为了她的安全，他们在夜晚用独轮车转移她时，把她捆在车的一侧，另一侧捆着一袋干粮和她的衣服小包。随着小车左右摇晃，她常常睡得很香甜，但是推车的老乡则紧张地忙于赶路，汗流浃背，气喘吁吁。有一次"跑反"时，遇鬼子向人群中开枪，一颗子弹从她耳边擦过，吓得她尿了裤子，尿水全灌进背她的叔叔脖子里……

刘真理说："想当年，如果没有这些乡亲们对我的关怀和照顾，哪有我的今天？这些老百姓不仅给了一个孩童无私的关爱，更是因为我是新四军的后代，是他们对人民子弟兵的厚爱在我身上的体现。"她后来回到父母身边后，父母就经常对她讲："不要忘记是人民养活了你，你是吃百家饭长大的。"所以在她幼小的心灵里就觉得人民真是了不起。"人民"两个字，深刻在她的脑海里！她说："老百姓的这份恩情我终生难忘，一辈子都报答不尽！"

刘真理还气愤地向同学们讲述了当年日本侵略者在祖国大地烧杀掠抢、无恶不作的滔天暴行。她说，当一个民族落后、贫困，就会挨打，就会遭到侵略。我们要时刻牢记我是中国人！有国才有家，有强大的祖国做后盾，我们每个人才更自豪，更有尊严，走到哪里都腰杆子硬！希望同学们踏实学好知识，练好本领，将来报效祖国！我们要时刻牢记是人民养育了我们，我们应该全心全意为人民服务。同学们的未来是光辉灿烂的，希望同学们用自己的力量把社会推向前进，把祖国建设得更加繁荣富强！

先辈们，新党员将永远继往开来

中国传媒大学后勤党总支

国民革命军陆军新编第四军，这支诞生于中华民族危难时期的队伍，浴血奋战，英勇杀敌，在十分艰苦的环境下，与敌寇展开了殊死的斗争，有力地抗击了日本帝国主义的侵略。铁军英名，威震四海。

刀光血影70余载，沧海桑田继往开来。今天，我们中国传媒大学后勤管理处、中国传媒大学校医院的全体党员和入党积极分子怀着无比的敬意，站在铁军纪念园，缅怀先辈们的丰功伟绩，真切地感受到了他们为争取民族解放事业所经历的峥嵘岁月，也深为先辈们抛头颅、洒热血的革命精神所感动、所激励。

先辈们为我们打下的革命江山，后辈人应不辜负先辈们的期望，责无旁贷地将其建设得更加美好。为此，我们需要继承革命传统，永远学习先辈们的革命精神。学习他们对理想的坚定信念，为了人类最崇高的共产主义事业而甘愿奉献一切乃至自己的生命；学习他们对党、对人民的无限忠诚，一切以党和人民的利益为重，而丝毫没有个人的私利；学习他们坚强的党性和组织纪律性，团结一切可以团结的力量，步调一致地完成党的各项任务。在新时期，更要以先辈们的革命精神为动力，学好党章党规，学好习总书记的系列重要讲话，做合格的共产党员。

大学是传承文化、教书育人的场所，也是培养革命事业接班人的重要阵地。作为大学教职员工中的共产党员，我们应该时刻以革命先辈为榜样，坚持社会主义办学方向，牢记自身的政治使命，将日常工作与全面育人密切结合起来，为培养合格的社会主义事业的建设者而不懈努力。

“铁军精神”与日月同辉！

“铁军精神” 永放光芒

——记央视专题节目《民族的吼声》铁军纪念园拍摄花絮

张文勤

2015年7月8日，北京新四军研究会新四军老战士合唱团，携手中央电视台摄制组来到九公山铁军纪念园，为制作央视纪念抗战胜利70周年大型专题节目《民族的吼声》拍摄《新四军军歌》大合唱。

参与拍摄的新四军老战士合唱团30人，其中年龄最长者已91岁高龄。大家身着新四军军装，佩戴军功章，精神矍铄，迈着矫健的步伐，昂首挺胸向铁军纪念园走来。从这些最可爱最可敬的革命前辈身上，感受到浓浓的军魂与军威。

7月流火，小暑之后的北京迎来了最热的时节。为达到最佳效果，展示“铁军精神”，老战士们穿着厚军装、绑腿，反复演唱《新四军军歌》。嘹亮的歌声在长城脚下回荡，这一刻，我们仿佛回到了那个浴血奋战的峥嵘岁月，一场场艰苦卓绝的抗战场面，一个个为国捐躯的仁人烈士，一篇篇为唤醒国人斗志的战斗檄文……

从历史的艰辛奋斗中吸收养分，从民族的苦难辉煌中汲取力量。

和平年代，我们纪念那些在战争中奉献青春、理想、热血和生命的先辈与先烈，铭记历史，不忘国殇，继承革命传统，发扬革命精神。

铁军军歌，永远传唱！“铁军精神，永放光芒！”

91 岁的新四军老战士焦润坤

合唱团指挥何学东，其父亲是著名作曲家、《新四军军歌》的曲作者何士德

引吭高歌的老战士

做好传承红色基因的工作

严军鸿

2017年8月30日，参加粟裕大将诞辰110周年纪念活动的京外单位来宾，来到铁军纪念园参观。他们是浙江淳安红军北上抗日先遣队纪念馆、浙江平阳红军挺进师纪念馆、江苏茅山新四军纪念馆、江苏盐城新四军纪念馆、江苏东台新四军一师纪念馆、江苏东台党史办、江苏淮安车桥战役纪念馆、江苏海安七战七捷纪念馆、江苏高邮抗日战争最后一役纪念馆的负责人和代表以及当地负责中共党史研究、新四军研究工作的同志。

北京新四军研究会和各地代表敬献的花篮，摆放在粟裕大将的铜像前，大家怀着崇敬的心情，向粟裕大将铜像三鞠躬，献上鲜花，寄托对这位无产阶级革命家、军事家、战略家深深的怀念之情。

铁军纪念园工委会秘书长戈继军全面详尽地述说了铁军纪念园开创成长的经历，介绍了纪念园的现状和发展远景。刘华苏副会长讲解了铁军纪念馆的创建经历，文物资料的收集整理，以及独具特色的展出形式。来自各地纪念馆的同志们，

感到受益匪浅，深受启发。大家谈到：馆场设施的大小固然重要，馆藏内容的真实丰富，有特色、有吸引力、有感染力则更为重要。

大家纷纷表示，要向北京新四军研究会的同志们学习取经，认真努力地抓好本地区纪念馆、园的建设开发，不失时机地收集整理红色文物资料，以开拓创新精神做好红色文物资料的宣传利用工作。

铭记先辈业绩 传承“铁军精神”

孙小宇

2017 年是中国人民解放军建军 90 周年、新四军成立 80 周年。9 月 30 日，国家烈士纪念日。在这个特殊的日子里，国家知识产权局信息中心党委组织部分党员，参加了于铁军纪念园举办的纪念为民族献身的烈士暨第七届公祭活动。庄严肃穆的公祭仪式，感人至深，给人教益。

在朱伟部长的带领下，信息中心的党员一起参观了铁军纪念馆和陵园。朱伟部长既是北京新四军研究会会员又是新四军后代，对新四军有更深刻的认识和更深厚的感情。他为大家详细讲述了铁军发展的脉络，声情并茂地展现了铁军英勇奋战的光辉历程和可歌可泣的胜利壮歌，鼓舞党员继续传承发扬

"铁军精神"。

抗日战争年代，新四军历经磨难，始终坚持以团结抗日、民族独立为己任，以党和人民的根本利益为重，形成了"铁军精神"和文化。在一张张反映英烈们浴血奋战的历史照片前，在"华中人民的长城"人像墙前，党员同志们深刻感受到了英雄儿女前赴后继、英勇不屈的精神，他们克服艰难险阻，用鲜血和生命谱写了一首首可歌可泣的壮丽诗篇。

在一块新四军老战士的墓碑上，写着这样的碑词：

"走过漫漫人生 / 你们终于实践了毕生的理想 / 这里虽然不是你们的故土 / 但有青山环抱 松柏为邻 / 还有古长城的巍峨蜿蜒 / 这里长眠了众多的铁军战友 / 他们将与你们千秋同在 浩气长存 / 愿你们的英灵 / 在这里得到安息"。

这块墓碑上记载了儿女们对父母的思念，记载了后代对父辈的敬仰，记载了新四军将士的不朽功勋，寄托了生活在新时代的人们对英雄的感恩，体现了一代又一代党员在这些老将士的鼓舞下奋勇向前、百折不挠的勇气！

鲁迅先生在《为了忘却的纪念》中写到："夜正长，路也正长，我不如忘却，不说的好罢。但我知道，即使不是我，将来总会有记起他们，再说他们的时候的。"

我们或许无法一一说出所有烈士的名字，但每个人背后都有一段值得铭记的故事，都有一份值得敬仰的英勇，都有一种值得传承的精神。这段沧桑的历史不会被忘记，革命先辈用生命守护的信仰不会被忘记，共产党人奋斗不息的精神不会被忘记。新四军将士英名永存，"铁军精神"与时代同在！

铁军纪念园随想

林汉京

2013年12月29日，我们全家登访了九公山新四军铁军纪念园。铁军纪念园坐落在怀柔渤海镇兴隆城村西九公山的主峰。在抗日战争时期，九公山地区曾是平北抗日根据地所在地。

铁军之家。过了兴隆城桥便见到“九公山长城纪念林”的指路牌，接下来的是一段崎岖蜿蜒的山路。我们沿山路盘旋而上。只见此地高山巍峨、绿树成荫、溪水长流，真是一处绝佳的风景地。车到山顶向东远眺，依稀可见慕田峪长城，像一条金色的巨龙，沿着北边的燕山山脉飞舞盘旋，气势磅礴。而西边更近一点的地方便是著名的黄花岭水长城。这一带的长城多未经过后世的修补重建，在层叠的山峦中更显得历经历史的沧桑。铁军纪念园建在风光如此秀丽的大好河山之中，长眠于此的抗日先辈们尽可安息了！

寂静的纪念园静静安卧着数百位老战士的英灵，纪念园的建筑简单而又凝重：一座高大的雕塑屹立在纪念园的中央。一位手持马刀的新四军战士坐骑一匹骏马，战士的身躯与战马英俊的身姿融为一体。由于纪念园位于九公山顶，使来人感到山风有些凛冽。这正映照了《黄河大合

唱》中那句著名的歌词："风在吼，马在叫……"。

在雕塑的身后是铁军纪念馆；在雕塑的左侧矗立黑色大理石面的石墙。墙上按姓氏排列，镌刻着数千名新四军老战士的名录。其中，我看到自己初中班主任谢国华老师的名字，也看到了我的老领导原化工部副部长陶涛同志的名字。

晚辈心愿。风在我的身边轻声呼叫，松柏树枝也在轻轻地摇曳，好像在呼唤着安息的无数抗日英灵。我想告诉陶部长，由她奠基的国防化工事业已经得到长足的发展，所取得的成就融入到更多的强国利器之中。我深深缅怀陶部长、谢老师和所有的抗日英烈，吹响了向老战士们致敬的军号。号曲选自我军的《熄灯号》，"哒哒—嘀哒——嘀哒——-"，清脆、嘹亮的军号在山谷中回荡，传向远方。安息吧，陶部长、谢老师，在你们的教诲中我们成长，我们的后代也在成长。我们永远以你们为自己毕生学习的榜样。

春天再来。我们的祖国将会更加美好、更加强大。等到春天我们还要来到这里，来看漫山遍野的山花，享受那和煦的春风。我写下了一首《年末登九公山随想》，是为对抗日先辈的纪念：

九公云蒙军号响，
六十八载忆沧桑①。
焦庄地下斩魑魅，
乙化叱咤震渔阳②。
先烈浴血战敌寇，
我辈接力建国强。
蚍蜉撼树谈何易，
且看神州奏华章！

注：

① 2013 年距 1945 年抗战胜利已过 68 年。

②焦庄即著名地道战之乡的北京顺义县焦庄户村，亦属冀东平北抗日根据地所辖；乙化即白乙化烈士，八路军平北抗日根据地指挥员，1941 年牺牲于密云县云蒙山的鹿皮关。密云县后一时期被抗日政府命名"乙化县"；冀东平北的密云、平谷一带古称渔阳。

万古流芳铁军纪念园

陈　平

我的父亲陈万林 1940 年参加新四军，在第 5 师任连级干部，新中国成立后主动转业到湖北天门工作，后在林业局副局长的职位上离休。我们全家人一直为是新四军及后代而自豪。

应该是因缘际会吧，2014 年我任职的泰康保险集团接手了九公山长城纪念林的经营管理，铁军纪念园的开发建设工作成为重中之重。时代在变化，弘扬革命传统任重道远。如何在当下的社会环境中持之以恒地秉承和传承革命传统、弘扬“铁军精神”摆在了我的面前，深感责任重大！

我们从园区环境提升着手，投资数亿元，不断完善铁军纪念园基础设施建设，修缮道路，翻修了铁军纪念馆。近几年又修建了无名英雄纪念馆、长明火、生命文化馆等。未来还将修建退役军人主题英雄纪念广场，将与铁军纪念园遥相呼应，成为另一处爱国主义教育基地。

经过深思熟虑，我们决定在服务和接待水平的提升上下大力气。2015 年开始招聘三军仪仗队退役军人，组建了九公山铁军纪念园三军仪仗队，开发、独创了国内首屈一指的军人主题安葬礼仪和迎宾换岗仪式，更加

泰康建投 CEO 陈平（右）

烘托出铁军纪念园庄严肃穆的气氛，得到了新四军将士亲属的赞誉。

同时，我们加强了与相关高校和单位的横向交流与合作，与北京航空航天大学、中国传媒大学等高校和单位共建，承担了多家高校、企业党建活动。

我清醒地认识到，继承和弘扬“铁军精神”，绝不只是政府的事情，也是有社会责任感的企业的责任，只有通过全社会的努力，才能上下同心，同频共振，在筑“中国梦”的路上，书写最美的篇章。

6 年来，九公山长城纪念林承办了多场公祭活动，高校、企业党建、团建、清明纪念活动，接待国际友人、政府机关、企业访客28000多人次。

在公祭纪念活动中，新四军老战士的子女向铁军纪念园捐赠文物，希望将其留在老战士的安息地，让后人能够永远铭记。默哀那一刻，除了周围人的呼吸声，只剩下山间呼啸的风声。依稀记得那年，当新四军合唱团唱响“烽烟滚滚唱英雄，四面青山侧耳听”这首充满豪情壮志的《英雄赞歌》的时候，在场所有人心中激荡着那份炙热的共鸣。铿锵有力的歌声仿佛还在耳边回响，伴随歌声飞舞在蓝天白云间的上千只和平鸽，仿佛诉说着南方八省英雄峥嵘岁月、壮阔一生的史诗故事。

我常常跟员工讲，不论环境如何改变，社会如何变革，历史如何发展，“铁军精神”永远是强大的

2019 年 5 月 30 日 退役军人事务部褒扬纪念司党建活动

2016 年北京市海淀区人才党委二总支党建活动

2018 年 7 月 1 日泰康建投党建活动

精神动力和不竭的力量源泉。要熟悉中国百多年来的历史，要熟悉新四军将士浴血奋战的战史，要讲述他们甘愿牺牲的精神，更要承担起弘扬爱国主义的职责，这一信念要牢牢地印刻在每位干部员工的心中。并非每个人都能做出伟大的事情，但我们可以带着伟大的爱和执着的坚守去做好每件事情，不负韶华，不负时代。

唯有如此，才能将“铁军精神”发扬光大、万古流芳。

2015 年 7 月 15 日呼家楼街道办党日活动

2016 年 6 月 17 日农商银行党支部活动

2017 年 8 月 28 日梦之寻公司亓明辉总经理到铁军纪念馆听工委会副主任戈继军讲解新四军战斗历程

《科技日报》报社在铁军纪念馆开展党日活动

党务干部参观新四军纪念馆

纪念园开发部党支部七一活动

我们的共产党和共产党所领导
新四军，
的队伍。我们这个队伍完全是为
的，是彻底
民的利益工作
粟裕
1907.08.10 — 1984.02.05

地税局党支部参观纪念馆

2018年5月18日来自菲律宾、香港、福建、广东、河南等地华侨和侨联代表的纪念活动

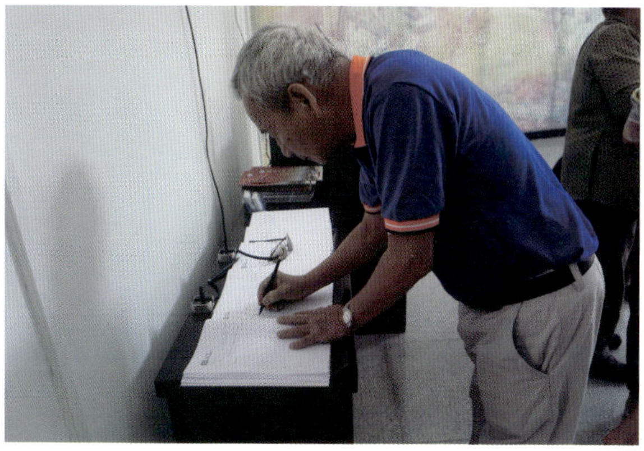

菲律宾华侨抗日游击支队，退伍军人总会决策委员吕水涯在铁军纪念馆留言

菲律宾华侨组成的新四军军乐团

国防部网站
www.mod.gov.cn

前言

北京新四军研究会在奥森公园用“快闪”形式纪念新四军成立 80 周年

陈龙狮

2017 年 7 月 30 日上午 8:00，在北京奥林匹克森林公园南园南门广场及运动跑道，由北京新四军研究会和北京铁军纪念园爱国主义教育基地工作委员会联合主办，由铁军纪念园承办，由中保宇公司赞助，奥林匹克森林公园管理委员会、北京新太立文化传播有限公司、北京梦千寻咨询有限公司等参与联合支持举办的“纪念新四军成立 80 周年‘快闪’、徒步活动”隆重登场。本次活动，旨在庆祝中国人民解放军建军 90 周年，纪念新四军成立 80 周年和北京新四军研究会成立 20 周年，首次打开大门与北京市民一起联欢，大力弘扬、传承“铁军精神”。

北京新四军研究会的有关领导乔泰阳、任全胜、汪江淮、张晓龙、刘华苏、王小戥、杨抗美以及 9 个分会领导带领 400 多位会员出席，中保宇投资有限公司董事长刘忠和有关单位领导参加，北京铁军纪念园爱国主义教育基地工作委员会副主任兼秘书长戈继军带领活动组委会 45 位成员及 10 位志愿者现场指挥和保障本次活动正常进行。特别值得一提的是：90 岁新四军老战士秦速等老同志不顾年迈体弱和高温酷热，坚持亲临现场参加本次活动，他们的言行举止彰显了“铁军精神”，让在场的新四军后代和北京市民感动不已！

“快闪”活动伊始，娓娓动听的童声（由新四军第四代郭笑涵领唱）《茉莉花》揭开了本次活动的序幕，由北京新四军研究会一师苏中分会舞蹈队表演的舞蹈《茉莉花》闪亮登场，婀娜多姿的舞姿让与会者回到了当年的意境，接着由北京新四军研究会二师淮南分会演唱《新四军军歌》将活动引向了高潮，与会的400多位会员自然而然地跟着激情演唱，奥林匹克森林公园上空飘响这支威武雄壮的军歌，最后甜美的童声（郭笑涵领唱）引出红色经典歌曲《歌唱祖国》，在场群众齐声合唱，全场充满了爱国主义的情怀和团结战斗的氛围，自此纪念新四军成立80周年“快闪”部分落下帷幕。

接着开始了“不忘初心，继续前行”徒步活动部分。400多位北京新四军研究会会员和200位北京市民一起，在十几位志愿者的引导下，沿着奥林匹克森林公园的红色塑胶运动跑道，开始徒步，

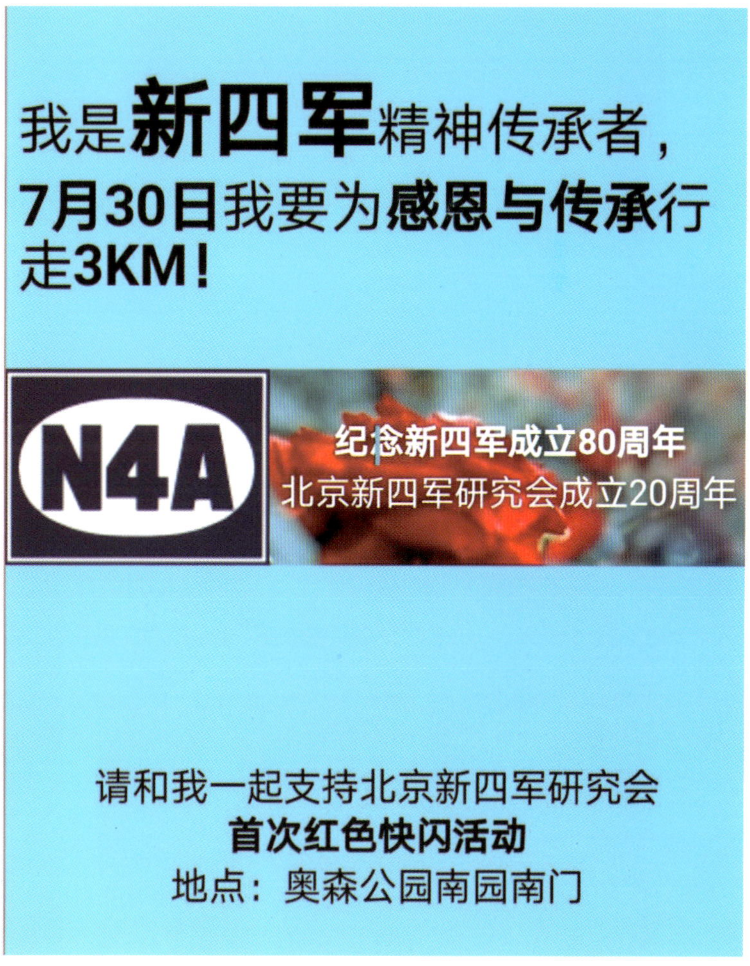

绝大部分走完8华里的路程，8华里意味着纪念新四军组建80周年。

记者在7点前就赶到现场，新四军研究会的领导、新四军老战士和“快闪”演职员、组委会的工作人员早早地来到现场，各自忙各自的本职工作。这也让记者有机会抢先采访到有关人士，请大家分享其快乐。

记者首先采访到北京新四军研究会的老战士秦速爷爷，他是1927年8月出生的革命老人，1943年到苏北参加了新四军。请问：“秦爷爷您这么大年纪了，天气又这么热，您老为什么要亲自参加‘快闪’和徒步活动？”新四军老战士秦速不假思索地回答：“当年和我一起参加革命的老战友不少牺牲在战场，活下来的也不多。我不老，身体棒棒的。

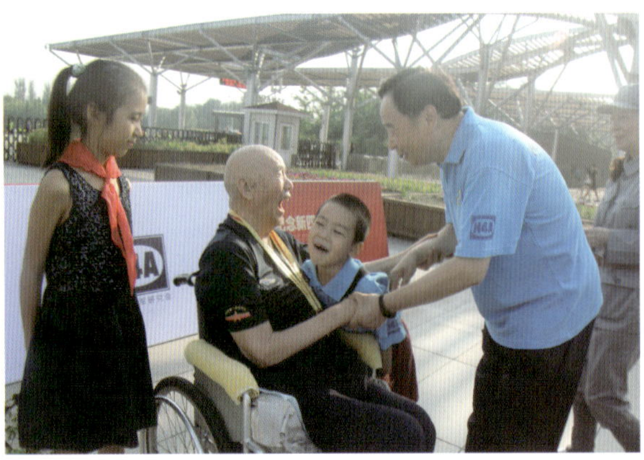

今年是我们新四军组建 80 年，巧了，我的年龄 90 岁，与建军节同龄。所以我要来参加活动，用自己的行为告诉年轻人，不要忘记过去，要珍惜来之不易的幸福生活！”

记者在现场还采访到了活动总策划兼总指挥、北京铁军纪念园爱国主义教育基地工委会副主任兼秘书长戈继军，请问：“为什么在这么酷热的天气下还要搞这么大规模的活动？你最大的感受是什么？”戈总指挥淡淡地说：“后天，就是我们军人和军人家属的节日，我们作为新四军后代有责任、有义务弘扬、宣传‘铁军精神’。通过‘快闪’这种全新的模式，能够调动、激发大家的革命激情；通过徒步走 8 华里的路程让我们记住新四军 80 年的光辉征程。最让我感动的是不少新四军老战士非常积极报名参加，但考虑到年龄和天气因素，我们组委会只同意几位老战士代表参加活动。每年我们新四军研究会都要搞纪念活动，这次不一样的是，新四军的三代、四代都积极参与，最让我欣慰的是北京市民踊跃报名参加，其实就让‘铁军精神’深入到民间，这样才能真正弘扬、传承‘铁军精神’。”

记者在人群中终于找到了北京新四军研究会的副会长兼秘书长乔泰阳将军，他刚刚从另外一个活动赶到现场。请问乔会长：“为什么要举办这样的活动？”乔会长对记者说：“这是我们第一次和京城人民一起搞纪念建军 90 年、新四军组建 80 年、新四军研究会成立 20 年的纪念活动。首先要感谢奥管委免费提供场地、感谢这么多单位的志愿者，更要感谢我们的会员尤其是组委会近 50 位同仁的无私奉献，他们就是在身体力行践行‘铁军精神’。众所周知，新四军是一支抗战劲旅，我们的前辈抛头颅洒热血，顽强地与日寇、敌军、顽

军做生死决战，打败敌人建立了新中国。如今，国泰民安，但也要居安思危，所以我们第二代人参加新四军研究会，但是我们也不小了，一定要传承到第三代、第四代，以及民间中。所以才决定搞‘快闪’，与北京市民一起联欢，利用全新的形态、全新的模式，将‘铁军精神’融入到日常生活中。最后感谢中外媒体的大力报道，让全球、全国人民和我们新四军研究会一起纪念先辈、勿忘历史、展望未来、再创辉煌！”

特别鸣谢

主办单位：
北京新四军研究会
北京铁军纪念园爱国主义教育基地
总策划：戈继军 郭鹏
总导演：林毅涛
顾问：汪江淮
总指挥：戈继军
支持单位：奥林匹克森林公园管理委员会
鸣谢：
公关公司：北京新太立文化传播有限公司
志愿者单位：梦千寻咨询公司
现场安全：宋为群 孙维国 王诸杞
引导负责：艾幼明
现场记者：陈龙狮 王博恩 张翔
行政物品：周煦明 束陵平 陈南鸥
安全保障：孙晓华
领唱队员：郭笑涵（新四军第四代）
媒体单位：
解放军报社
千龙网
中红网

2021 年 1 月 22 日中共北京市委、怀柔区委为铁军纪念园申报全国爱国主义教育基地进行实地考察

后　语

在铁军纪念园开园 10 周年之际，特编辑本书，以志纪念，旨在向建党百年交上我们的答卷。

本书以新的视觉和图文并茂的形式展示了一批新四军后代的创业者以坚持不懈的信念，白手起家的信心，不畏艰辛的精神，无私奉献的行动，建成黄河以北唯一的以传承“铁军精神”为主题的铁军纪念园，并成为颇具影响的北京市爱国主义教育基地的历程。回首十二年，弹指一挥间。

本书主要由众志达道（建设篇）、永志不忘（纪念篇）、矢志不渝（传承篇）三个部分组成。建设篇，再现了铁军纪念园立意、设计、策划、施工、改造、开园以及申报北京市爱国主义教育基地的创业史，呈现了创业者的心路和建设者的艰辛；纪念篇，展现了在铁军纪念园举办缅怀、铭记、祭奠先辈的重要纪念活动以及相关的党建、馆展、快闪、座谈会等，呈现了组织者的精心和参与者的热情；传承篇，体现了铁军纪念园弘扬“铁军精神”、传承红色基因的作用，呈现了先辈回眸应笑慰、擎旗自有后来人的景象。

2019 年底，铁军纪念园工作委员会在北京新四军研究会领导的支持下，开展了《铁军纪念园十年志》书稿征集活动，得到了新四军老同志和后代的热情响应；研究会陈昊苏、张晓龙会长为本书定名并作序；工作委员会邓淮生、管新凯主任及《铁流》丛书的领导悉心指导了编撰工作；每一个参与本书编撰的兄弟姐妹都无私奉献了自己的一份力量；新华出版社负责装帧设计、编辑出版工作；天津联航港口建设工程有限公司贾台连总经理、浙江古越龙山绍兴酒股份有限公司、泰康健康产业投资控股有限公司、北京新四军研究会一师苏中分会给予了大力的支持。

我们谨向为本书付出辛勤努力、给予热情帮助的单位和个人致以深深的敬意，并表示衷心的感谢！

铁军纪念园工作委员会

2020 年 10 月